技术革新并不难

——"283"技术革新工作法及实践应用

段福海 杨 东 李云飞 丁 健 等著

石油工业出版社

内容提要

本书是石油石化行业技术革新工作经验的归纳总结,从操作员工的角度,详细阐述了寻找革新点的两条途径、通过分析得到解决方案的八种方法、确保成果质量的三项措施,即"283"技术革新工作法,并对大量的典型案例进行分析。

本书可供石油石化行业操作员工及技术革新爱好者参考阅读。

图书在版编目(CIP)数据

技术革新并不难:283技术革新工作法及实践应用/段福海等著. — 北京:石油工业出版社,2020.6

ISBN 978-7-5183-3337-0

Ⅰ.①技… Ⅱ.①段… Ⅲ.①技术革新 – 工作方法 Ⅳ.① F062.4

中国版本图书馆 CIP 数据核字(2020)第 095350 号

出版发行:石油工业出版社

(北京安定门外安华里 2 区 1 号 1000011)
网　　址:www.petropub.com
编辑部:(010)64210387
图书营销中心:(010)64523633

经　　销:全国新华书店

印　　刷:北京中石油彩色印刷有限责任公司

2020 年 6 月第 1 版　2020 年 6 月第 1 次印刷
710×1000 毫米　　开本:1/16 印张:10.25
字数:120 千字

定价:58.00 元
(如出现印装质量问题,我社图书营销中心负责调换)

版权所有,翻版必究

《技术革新并不难——"283"技术革新工作法及实践应用》编委会

主　任：段福海

副主任：杨　东　李云飞　丁　健

成　员：张朋娟　杨海波　魏玉阳　何显斌
　　　　　王会山　刘　慧　刘翠霞　宋晶鑫
　　　　　王维安　杨晓存　刘　幸　段昕彤
　　　　　贾广生　李云韬　路明亮　于国江
　　　　　张化庆　丁洪涛　赵长东　代玉梅
　　　　　侯海勇　李雪涛　赵福冬　段庆斌
　　　　　朱广海　周恒仓　吕庆东　吴春民
　　　　　徐龙飞　陈　沛　刘洪俊

序 | Preface

本书是中国石油大庆油田有限责任公司（以下简称大庆油田）劳动模范段福海创新工作室编写的技术革新专用书籍，"283"技术革新工作法是大庆油田一线技术员工归纳总结出的一套技术革新工作方法。大庆油田60多年的开发建设史，既是一部艰苦卓绝的奋斗史，更是技术创新的发展史，从大庆油田发现初期第一项技术革新成果提捞桶的出现，大庆油田技术革新运动就轰轰烈烈地开展起来，60多年来，大庆油田公司级技术革新已达到2万多个。目前，我国关于创新理论的书籍有很多，但是结合现场实践的却不多，读者阅读后难以与实际工作结合。本书以一线员工的技术革新为榜样，用经验故事案例的形式，由浅入深地揭示技术革新的奥秘。该方法的现场实践应用，解决了生产技术难题，产生了大批优秀的技术革新成果。肯定地说：方法适用、成绩突出！

概括起来本书具有以下几个特点：

（1）系统性：本书从大庆油田技术革新发展入手，讲述了"283"技术革新工作法的诞生历程，解读了大量的翔实案例，章节之间逻辑清晰、环环相扣、前后呼应，整体通俗易懂、操作性强。

（2）创新性："283"技术革新工作法是一套全新的现场技术革新工作方法：发现问题有渠道、解决问题有方法，实施方案有保障。

（3）实用性："283"技术革新工作法源于生产实践，以企业技术革新为目的，充分体现了实用实战的原则。本书是由一线技术人员编写，从企业生产实践归纳、总结、分析出来新认识、新观点、新方法，并且在实践中广泛推广应用，创造出很高经济效益。

（4）可读性：作为一本面向企业一线或基础岗位员工的技术革新书籍，如果只是针对理论谈理论，脱离实际应用，可读性就会大大降低。本书以鲜活的案例和通俗的语言由浅入深，解决问题步骤清晰，处理方法真实有效、实施效果相当明显、指导实践易见成效。

总之，本书是中国石油行业技术革新工作的现场经验与理论高度的融合，能针对性地指导企业一线岗位员工从事技术革新工作，实用价值非常高！

教育部创新方法教学指导分委会委员
创新方法研究会副秘书长
国际 TRIZ 协会副总裁
中国高校创新创业学校联盟竞赛专委会委员
全国大学生创新方法应用大赛组委会秘书长

2020年4月8日

前言 | Introduction

技术革新是企业生存发展与竞争的重要因素。革新方法是技术革新之母，是提升企业自主革新能力、促进企业有质量有效益可持续发展的动力和源泉。

生产一线岗位员工在工作实践过程中常常会遇到各类技术问题：如何降低员工劳动强度，提高工作效率；如何完善设备功能、延长设备寿命；如何规避安全隐患，提高安全系数；如何减少环境污染，保护工作和生活环境；如何降低能耗，实现降本增效。这些问题的解决都需要技术革新来支撑。能否找到一种适合岗位员工的创新方法，来指导员工解决各类生产技术难题，且易于学习、便于掌握？

为此，笔者结合多年创新经历及技术革新成果实例，归纳总结出了"283"技术革新工作法。该工作法来源于现场、来源于实际，能够指导岗位员工开展技术革新，同时对扩展创新思维、挖掘创新潜力、激发创新灵感、提升创新意识有积极的作用。

本书各章编写人员如下：第一章由魏玉阳、杨晓存、代玉梅、李云韬负责编写；第二章由何显斌、王维安、路明亮、朱广海负责编写；第三章由刘慧、侯海勇、李雪涛、赵福冬、贾广生、吕庆东、吴春民、徐龙飞负责编写；第四章由王会山、刘幸、段昕彤、陈沛负责编写；第五章由刘翠霞、周恒仓、赵长东、段庆斌、刘洪俊负责编写；第六章由宋晶鑫、于国江、张化庆、丁洪涛负责编写。最后由段福海、杨东、李云飞、丁健共同负责全书统编工作。张朋娟、杨海波负责编排。文中图片绘制由陈玉、吕洋、丛日东、董章宁、宋佳、郑志婧、柏云龙完成。

  本书编写过程中得到了大庆油田有限责任公司，特别是第四采油厂的领导和同志们的支持和帮助，在此表示衷心的感谢。

  由于笔者水平、经验有限，书中难免存在不足之处，恳请广大读者批评指正。

目录 | Contents

第一章　"283"技术革新工作法的由来　　/ 1

第一节　"283"技术革新工作法的产生背景　　/ 2

第二节　"283"技术革新工作法的具体内容　　/ 5

第三节　"283"技术革新工作法的应用效果　　/ 6

第二章　寻找革新点的两条途径　　/ 11

第一节　直接获得　　/ 13

第二节　间接获得　　/ 20

第三章　解决生产难题的八种方法　　/ 27

第一节　组合法　　/ 29

第二节　拆分法　　/ 36

第三节　牺牲法　　/ 46

第四节　移植法　　/ 55

第五节　变形法　　/ 62

第六节　迂回法　　/ 68

　　第七节　逆反法　　/ 74

　　第八节　仿生法　　/ 80

第四章　确保成果质量的三项保障措施　　/ 87

　　第一节　研发前的方案优选　　/ 88

　　第二节　试制中的保障措施　　/ 93

　　第三节　应用后的改进完善　　/ 101

第五章　"283"技术革新工作法的实施步骤　　/ 107

　　第一节　具体步骤　　/ 108

　　第二节　生活案例实施步骤——水桶堵漏　　/ 109

　　第三节　生产案例实施步骤——节能密封填料盒研制　　/ 110

　　第四节　感悟　　/ 119

第六章　"283"技术革新工作法应用案例分享　　/ 121

　　第一节　油井套管液满自动关闭器的研制　　/ 122

　　第二节　抽油机井极限调偏密封填料盒的研制　　/ 128

　　第三节　三元复合驱抽油机井侧填料密封填料盒的研制　　/ 132

　　第四节　罐车独立洗井技术　　/ 137

　　第五节　胀开式抽油机电动机皮带轮拔轮器的研制　　/ 142

　　第六节　采油井口组合阀单向流阀芯的研制　　/ 146

第一章

"283"技术革新工作法的由来

诞生于大庆油田的"283"技术革新工作法是大庆油田技术革新的缩影。作者通过30多年的工作实践，摸索出生产中技术革新的经验，总结出了这套方法，在大庆油田、中国石油天然气集团有限公司（以下简称中国石油）、石油业界都产生了极大的影响，推动全国岗位员工开展岗位技术革新活动。

第一节　"283"技术革新工作法的产生背景

大庆油田的第一项革新产品

大庆油田的革新之火

中华人民共和国成立后，中国的油气勘探受到诸多因素影响，发展速度缓慢，还依靠着"洋油"过日子。外国专家经过考察，认定中国没有大型的油田，是个贫油国。1958年2月27日，时任国务院副总理邓小平提出"石油勘探工作，应当从战略方向考虑问题"。为此，当时的石油工业部对石油发展战略进行新部署，加强对东北松辽等地的勘探力量。经过地质工作者们长期野外调查，在松辽盆地证实了地层里存在含有大量古生物化石的暗色地层，分析可能是很好的生油层。最早钻探的松基一井和松基二井见到较薄的生油层，没有见到油气显示；松基三井对于松辽盆地确定是否有油变得尤为重要，地质专家慎重的拟定松基三井井位上报石油工业部（图1-1）。之后，松基三井于1959年4月11日开钻，9月6日20点，按试油设计要求对1357~1382米井段射孔，射开厚度为13米，射孔后没有任何油气显示，井中液面不升反降。对此技术人员现场一致分析认为，很可能是钻井液相对密度过大导致油层的油水无法正常产出，需要进行提捞诱喷，需要提捞筒。当时由于生产条件的限制，很多物资无法运到现场，替液设备紧缺。在这种条件下，负责试油工作的赵声振工程师和现场的岗位工人们，借鉴附近老百姓在水井打水使用的提捞水桶的结构原理，自制了钻井液提捞桶（图1-2和图1-3）。钻井液提捞桶下行时，井筒内液体顶开单流阀，自动进入提捞筒内；上行时，井筒内液体往下推单流阀，使其堵住提捞桶最下端出口，阻止液体流出。经过20天的提捞，终于见到效果。1959年9月26日松基三井放喷见到工业油流，日产原油14.9吨，标志着大庆油田的诞生（图1-4）。钻井液提捞桶是大庆油田第一个技术革新成果，对大庆油田的发现起到了重要贡献！

图1-1　大庆油田松基三井现状

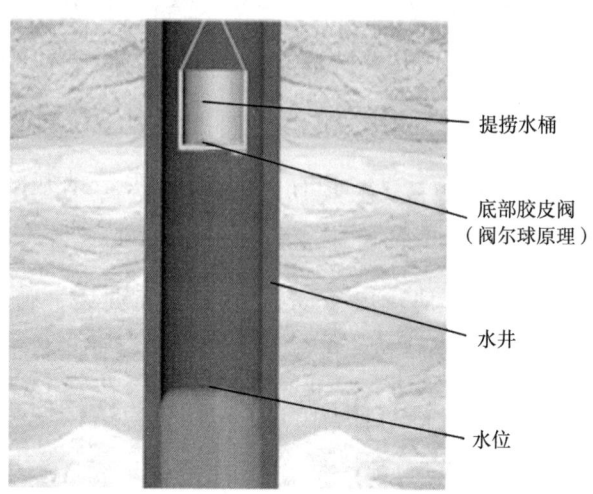

图1-2 提捞水桶打水示意图

松基三井喷油发现大庆油田,向世界宣告"中国依靠洋油过日子的时代一去不复返了!"这一历史性事件,彻底甩掉了中国贫油的帽子。自此,中国的石油工业开始腾飞。

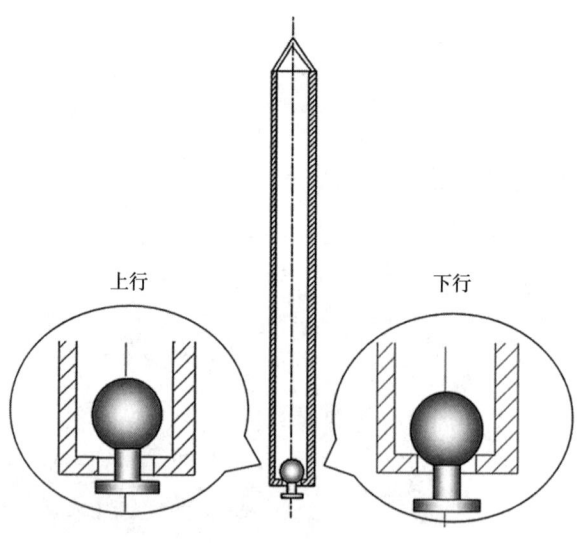

图1-3 钻井液提捞桶结构

图1-4 松基三井喷出工业油流

关于提捞桶的技术革新故事影响了一代又一代大庆石油人,段福海也是其中之一。用技术革新成果解决生产实际问题的这一想法,扎根于他的每一项日常工作。他从1989年参加工作至今,围绕井站各类生产难题,先后运用各种奇思妙想,累计研发技术革新成果200多项。通过对这些革新成果进行分类、整理,查找普遍存在的规律,总结提炼出"技术革新小窍门"。2012年2月,在大庆油田第四采油厂相关部门和技术专家指导和帮助下,对"技术革新小窍门"进行多次细化、修改和论证,于2012年9月诞生出"283"技术革新工作法。

第二节 "283"技术革新工作法的具体内容

"283"技术革新工作法中的三个数字,其内涵是:

"2"——寻找革新点的两条途径:直接获得和间接获得。

"283"革新工作法的形成

"8"——解决生产难题的八种方法:组合法、拆分法、牺牲法、移植法、迂回法、变形法、逆反法、仿生法。

"3"——确保成果质量的三项保障措施：研发前的方案优选、试制中的保障措施、应用后的改进完善。

"283"技术革新工作法经过多年实践，已经成功地应用于职工技术革新工作中，是一整套较为成熟的、能系统地解决技术革新问题的方法，从发现问题到应用方法以及后期保障措施，运用"283"技术革新工作法就可以解决生产难题，为生产提供革新技术支撑。

第三节 "283"技术革新工作法的应用效果

"283"技术革新工作法诞生后，得到大庆油田第四采油厂岗位员工的认可。随着其影响范围的扩大，大庆油田的各个单位，纷纷邀请"283"技术革新工作法的相关专家开展授课，职工技术革新的热情空前高涨。总结"283"技术革新工作法的相关专家多次到"革新讲堂""大庆油田职工创新大讲堂""大庆油田幸福生活大讲堂"等平台进行大庆油田内部讲授和交流，同时还受到中国石油、全国石油石化系统"能工巧匠大讲堂"邀请，也走进了石油化工企业、煤炭企业、林区牧场、联通公司、大学校园、小学校园，该方法受到广泛欢迎，影响更多的人走进技术革新（图1-5至图1-8）。有一次，一位退休的老同志得知段福海要去大庆油田采油工程研究院授课，专程从天津赶回大庆听课。连续听了三次课后，老同志激动地夸赞："好，总结的太好了，太实用了！'283'技术革新工作法是大庆人的骄傲！"。截至2019年12月底，"283"技术革新工作法在全国各地交流338场次，受众人数达10.1万人，指导15400多名岗位员工开展技术革新,产生多项创新成果,例如,员工应用"283"技术革新工作法中的移植法和变形法,制作出加油站加油枪小口径感应断油器,解决了加油口细小的车辆加油枪插入浅、油箱满喷油的难题。"283"技术革新工作法在社会上产生了很大的影响,累计创

图1-5 "283"技术革新工作法在全国石油石化系统"能工巧匠大讲堂"巡讲

图1-6 "283"技术革新工作法走进辽河油田

图1-7 "283"技术革新工作法走进西安石油大学

图1-8 "283"技术革新工作法激起员工革新兴趣

造经济效益超过9.5亿元。2011年10月,黑龙江省科协主席马淑洁听取"283"技术革新工作法汇报后非常认可并题词"中国的TRIZ理论——'283'工作法,生命力无限。"(图1-9)。

截至2019年12月底,大庆油田应用"283"技术革新工作法解决生产难题487项,获得国家专利176项,"283"技术革新工作法获得大庆油田第四采油厂突出贡献奖、全国能源化学系统职工创新方法一等奖、黑龙江创新方法大赛一等奖和全国企业创新方法大赛一等奖等荣誉称号。"283"技术革新工作法引导更多的人学习技术、走入技术革新。

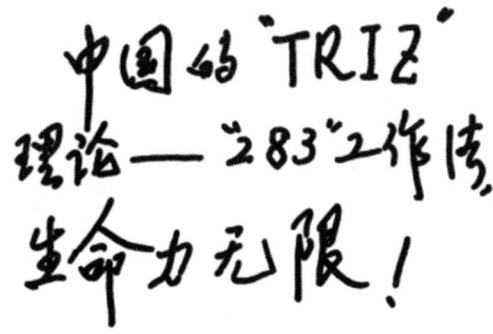

图1-9 黑龙江省科学技术协会主席马淑洁为"283"技术革新工作法题字

第二章

寻找革新点的
两条途径

寻找革新点

找到问题比解决问题更重要,实现技术革新最直接有效的方法就是正确找出工作中存在的问题。"283"技术革新工作法中的"2"是寻找革新点的两条途径:直接获得和间接获得。

日本本田公司很重视发现工作中存在的问题,提出了"发现问题、抓住问题、解决问题"的工作方式,并且把这种管理方式坚持了60年之久。虽然在外人看来,这简直不可思议,但是本田公司的管理层却认为这是很自然的事情。他们说:"当一台机器不能正常工作的时候,就要及时发现问题,并找出机器是由于什么原因不能正常工作的,只有这样才能找到问题的根源,并且迅速解决问题"。一名优秀的岗位操作员工,最重要的工作就是要充分发挥自己的聪明才智,去努力发现工作当中的问题。事实证明,只有发现了问题之后才有可能正确地分析问题,进而解决问题,并使自己在工作中有更大的发展,不断地获得"阶段性"的成功。

技术革新中发现问题的过程可以看作是寻找革新点的过程。什么是革新点?革新点代表两层含义:一是问题点,代表我们在工作中遇到的问题,无论大小都称为问题点;二是革新点,可以通过技术革新解决的问题,那些无法解决的问题,只能是问题点,而不能称之为革新点。

了解了革新点的定义，在工作中发现它就变得容易了，寻找革新点是工作中发现问题、解决问题的重要环节，离开了它，一切都归于零。

第一节　直接获得

一、概念

直接获得的革新点是指在从事生产活动中，能直接感受到的、需要解决的问题。表现形式有干活不方便导致工作效率低下、存在伤人等安全隐患、不符合安全环保规定要求等一系列的问题。总体来讲，这些问题是人们直接能感受到，并且能够找到方案加以解决的。这里的主要元素有两个，一是发现问题，二是能够提出解决问题的方案，二者缺一不可，否则不能称为直接获得的革新点。

二、生活案例

1. 玻璃杯托架的研制

（1）问题引出：烫手的玻璃杯。

每当家中来客人时，热情好客的主人往往会给客人倒上一杯热水或热茶。最初使用的杯子大多为玻璃杯或陶瓷杯，热水倒入杯中时，热量很快传到杯子上，造成杯子烫手拿不住。杯子烫手的问题是能直接感受到并且能解决的，是直接获得的革新点。

（2）解决方案。

针对这一问题，人们最初采用加厚杯底来解决，其原理是延缓热量传导到玻璃杯底部的时间。但该方法防烫效果不是很理想。因为人们拿杯子时，并不习惯去握杯底，而且不小心容易碰到杯身还是会烫手。于是，有人又想出了第二种解决办法：在玻璃杯外侧加一个护套。应用后防烫效果还不错，但清洗却很不方便：护套比较紧，拆卸困难，经常拆卸容易松脱，玻璃杯也有掉落的危险；不拆下护套，玻璃杯外侧清洗不干净，时间久了容易积攒污垢，既不雅观又不卫生。有没有更好的办法解决呢？

玻璃杯设计带把手，能够解决烫手的问题，但使用过程中把手又容易破损，并且一些口径小的玻璃杯无法设计把手。如何解决以上问题？能不能设计一种可更换的把手，既可与玻璃杯分离方便清洗，又可以与玻璃杯组合在一起防止烫伤。按照这个思路，有人成功设计了带把手的玻璃杯托架，很好地解决这一问题。其实不管做了多少种防止烫手的玻璃杯，都是源于装热水的玻璃杯烫手的问题，当然也产生了很多解决问题的方案（图2-1）

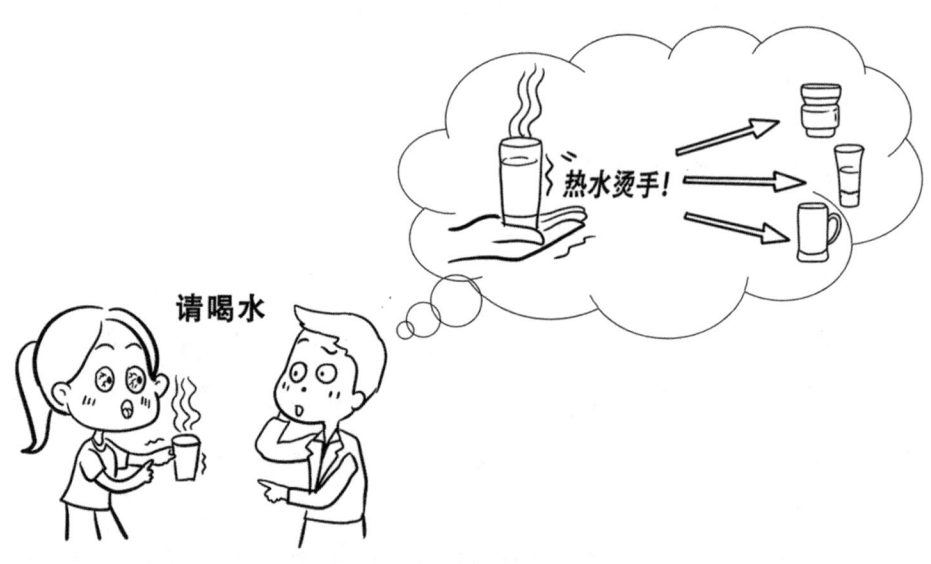

图2-1 解决玻璃杯烫手的方法

2. 感温变色勺子的研制

（1）问题引出：喂饭烫伤小宝宝。

贝贝是一个十分可爱的孩子，在她七个月大的时候，爸爸拿出微波炉加热好的辅食给孩子进行喂食，结果食物太热，烫坏了贝贝的嘴。夫妻俩顿时忙乱起来，烫坏宝宝可不是小事情。这个问题怎么解决呢？怎样能直观地感受到食物的温度呢？面对孩子被食物烫伤的问题是贝贝爸爸的直接感受，解决孩子被食物烫伤的问题就是贝贝爸爸直接获得的革新点。

（2）解决方案。

最初贝贝的爸爸采用温度计测试食物温度的办法来解决，但这个方法并不是很方便，是否有更好的办法呢？

贝贝的爸爸看看喂饭的勺子，又看看温度计，突然间来了灵感，能不能将这两种东西组合起来呢？经过多次的选材、设计、测试、修改，终于制作出感温变色勺子。当食物温度超过40℃时，汤勺会变色，提醒家长，食物过烫，不适合孩子食用。这一发明，使用起来非常方便，有效解决了食物容易烫伤孩子的问题。（图2-2）。

图2-2 解决食物过热烫伤宝宝的方法

三、生产案例

1. 电缆接线盒的研制

（1）问题引出：地面电缆接线头存在的危险。

抽油机是油田生产的重要设备，通过供电电缆提供动力保障。抽油机绝大部分安装在野外，其中一些井的供电电缆受到外力破坏而发生断裂，造成抽油机停机。为了不影响正常生产，通常对断裂的电缆进行临时连接后，再对连接处进行简单绝缘包扎，虽然暂时解决了问题，但却存在很大的安全隐患。由于室外环境，风吹日晒容易造成电缆绝缘层老化，电缆接线头处容易出现破损现象，电缆存在漏电风险，会对工作的员工、放牧的牧民和牲畜造成触电风险。为防止发生触电事故，需要把破损的电缆全部挖出整根进行更换，不过需要长时间的停机停产来解决，同时还会造成材料和产量损失。破损处外，其余电缆仍然很新，这就造成了极大的浪费。有没有更好的方法解决呢？这里漏电风险是人们直接能够感受到的，能安全并且以最小投入解决问题，就是直接获得的革新点。

（2）解决方案。

最初的方案是在电缆接线头处加装配电箱，但这个方案很快被否定了，因为配电箱安装在野外的地面上也不安全，必须加装安全防护，同样存在触电风险，如何更好地解决呢？

受到生产中电缆分线盒启发，能不能设计出一个埋地接线盒呢？按照这个思路，结合工作环境和安全要求，设计出了一个小型的电缆接线盒，将电缆头连接后放入盒中加入漏电保护装置，浇注绝缘物质固化，重新埋入地下，通过检查和测试，应用效果很理想，使问题得到彻底解决（图2-3）。该方法的特点是投入少、见效快、安全高效。

（a）问题提出

更换整根电缆　　　　　　　　　接线盒埋入地下

（b）问题解决

图2-3　解决地面电缆接线头漏电问题

2. 密闭加药装置的研制

（1）问题引出：糟糕的加药方式。

抽油机井结蜡是油田普遍存在的问题。结蜡会影响抽油机井的产量，增加能耗，严重时造成抽油机井蜡卡停机。目前，低渗透油田普遍采取加清防蜡剂的方法来预防抽油机井结蜡。

实验初期，加药设备操作程序还不完善。加药时需要加药工人抬起药桶，将药液倒入井口加药漏斗内，药液通过加药漏斗流入油井管柱里，操作过程中清防蜡剂完全处于敞口状态。这样就带来了一系列问题，首先操作工人要抬起360斤的清防蜡剂铁桶往井口灌药（图2-4），操作劳动强度大，其次是敞口状态下，油井管柱内的残余气体从加药漏斗返出，造成倾倒过程中药剂喷溅，污染环境的同时还很容易喷溅到加药工人身上、脸上，对工人的身体健康带来威胁。应该如何解决这一问题呢？这种加药方式劳动强度大、药液喷溅造成人身伤害和环境污染是直接的感受，现有条件下这个问题是能够解决的。

图2-4　药桶倾倒加药方式

（2）解决方案。

最初的解决方案是在大铁桶前面罩上一层塑料布（图2-5），这样喷出来的药液就会被塑料布遮挡住，避免药液喷溅到操作者身上。但在应用过程中效果不够理想，虽然药剂不再喷溅到操作者身上，但还会洒在地上，污染环境，而且劳动强度大的问题也并没有解决。

通过细致的现场调查和仔细的思考，设计出密闭加药装置来解决这一问题。设备材料：密闭加药罐、拖拉机、三缸柱塞泵、流量计和管线等。

工作原理：加药罐储存清防蜡剂，拖拉机提供动力带动三缸柱塞泵工作，将清防蜡剂泵入流量计，流量计出口与井口管线密闭连接，药剂通过井口直接进入井中，实现密闭加药。药量加够后，停泵即可拆下流量计与井口的连接管，加药完成（图2-6）。

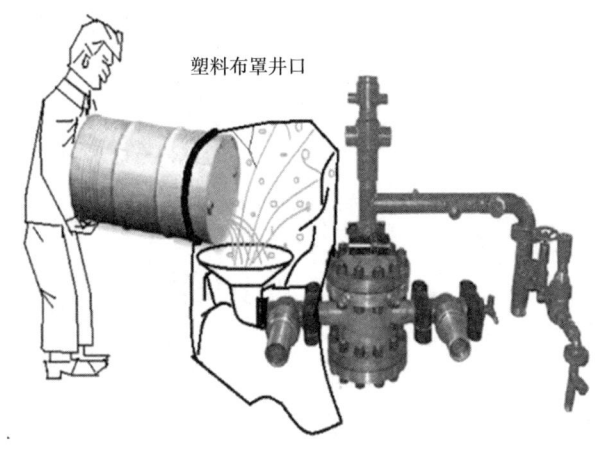

图2-5　用塑料布防止药液喷溅

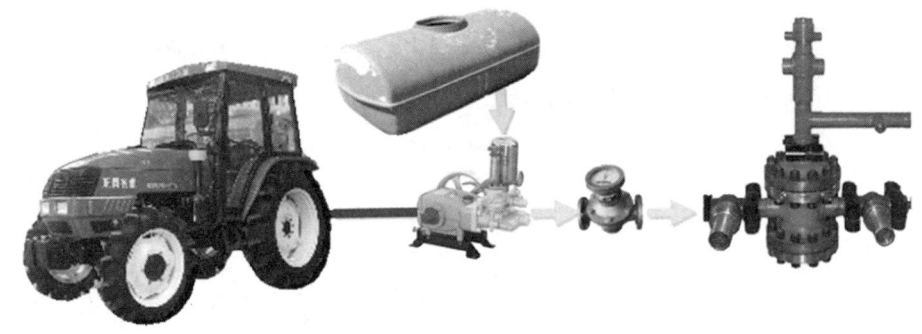

图2-6　密闭加药流程

优点：全程实现密闭加药，无喷溅、无污染、无伤害，员工劳动强度低，工作效率高，每天完成的加药井数由平均5~6口提高到10口以上。

四、引发思考

上文提到的三个案例中的问题都有很多解决方法，但如果没有了问题何谈其解决方法？案例中都是直接接触事件并找到革新点，通过创造性思维，找到了解决办法，这就是直接获得革新点。

像这样直接获得的革新点有很多，只要细心观察就不难发现，它存在于我们的工作和生活里，也许是一颗螺丝、一把扳手、一台机器……

第二节　间接获得

一、概念

间接获得的革新点是指通过交流、新闻、网络、媒体等间接途径获取的可解决的问题，它不是亲自经历、自身感受到的（图2-7）。这些问题必是经过多方验证事实存在的，具有一定的影响性的，而且通过某种技术手段可以解决的。

媒体形式多种多样

图2-7　间接获得革新点的途径

二、生活案例

1. 拉锁裤兜的诞生

（1）问题引出：丢三落四的丈夫。

一位裁缝在接待一位女顾客时，常听她抱怨丈夫的钥匙、笔、手绢、钱包、身份证等随身物品太多，由于裤子兜很浅，再加之他比较粗心，总爱弄丢东西。裁缝就想：能不能有什么办法帮他解决呢？东西不能减少，习惯也无法改变，裤兜浅倒是可以突破的缺口。

裤兜浅容易丢东西是裁缝从旁人的唠叨中了解到的，并非他的亲身体验，属于间接获得的革新点。

（2）解决方案。

最初，裁缝试图用在裤兜上加装扣子的办法来解决这个问题，但是使用过程中发现系扣子比较困难，因此这个方法便被放弃了。那该如何解决呢？偶然间他看到衣服挂上的衣服拉链，顿时眼前一亮，能不能将拉链安装到裤兜上呢？按照这个思路，裁缝将拉链裤兜做好了。经过反复使用试验，效果很不错。就这样，拉链裤兜被发明出来，投放到市场，收到了非常好的反响（图2-8）。

2. 爱迪生与无影灯的故事

（1）问题引出：天黑无法做的手术。

爱迪生是著名的发明大王，他的一生有无数项发明。爱迪生9岁那年的一个下午，他的妈妈突发急病，痛得在床上滚来滚去，叫个不停，爸爸连忙从外面请了一位大夫到家里给妈妈治病。经过一番细致检查，诊断妈妈得了急性阑尾炎，必须立刻做手术，否则就会有生命危险。

图2-8 拉链裤兜的发明

此时太阳快要落山了,天色渐渐暗下来。大夫打开药箱,取出针筒、手术刀、镊子等器械,做好了手术准备,但看了看窗外的天色,连连摇头说:"光线实现不好,没法做手术!"

爸爸着急了,连忙哀求大夫:"请你一定要想办法,救救我的妻子吧!"大夫回答说:"天快黑了,光线太暗,无法做手术啊!"大人们急得在屋里团团转,却束手无策。

(2)解决方案。

爱迪生听到医生和爸爸的谈话,暗自下定决心一定要想办法来救母亲。他思索片刻后,迅速把家里几面梳妆镜、衣柜镜统统搬过来,围在妈妈床铺的四周,然后在床头床尾点亮几只蜡烛,烛光经平面镜多次反射,把妈妈周身照得通亮,大夫一看十分惊喜,迅速给爱迪生的妈妈完成阑尾切除手术,并直夸爱迪生聪明,事后爱迪生根据这一原理发明了无影灯(图2-9)。

解决光线暗的问题本应是大夫的责任,可大夫无法解决,爱迪生听到后,帮助大夫来解决了这一棘手的问题,这就是属于间接获得革新点。

图2-9　爱迪生与无影灯的发明

三、生产案例

1. 新型压力表专用控制阀门的研制

（1）问题引出：关不严的阀门。

水井管理人员小王发现：计量间压力表控制阀门存在开关几次后就会关不严，尤其校检压力表时，将压力表卸下后，阀门处就会渗水，把地板漆都泡下来了。修理工小张经过多方了解得知这是计量间普遍存在的问题，新更换的阀门开关几次后就会关不严。频繁更换阀门不仅浪费材料，而且还增加员工工作量，员工的干劲也受到影响。既然换新浪费，是否可以修旧利废？可到修理部才发现，维修费用比买新的都贵？能不能研制一个新型压力表专用控制阀门来解决阀门关不严的问题呢？

压力表控制阀关不严的问题是水井管理人员小王提出的，研制新型压力表控制阀是小张提出的。对于小张来讲，解决这个问题就是属于间接获得的革新点。

（2）解决方案。

在原控制阀门基础上，结合压力表接头的原理，用旋转压力表接头实现阀门的开关控制，设计时考虑了强度问题，反复拆卸螺纹不容易损坏。经过现场应用，效果非常好。原有压力表控制阀门一年要更换4~5个，新的压力表专用控制阀门使用一年都没有出现损坏，在节约成本的同时，减轻了员工的劳动强度（图2-10）。

图2-10　压力表专用控制阀门的研制

2. 过滤缸的改进

（1）问题引出：清洗困难的过滤缸。

注水井高压配水装置中的过滤缸能够过滤杂质，确保注入水的水质合格，但是在一次设备检查过程中，检查人员发现有几口井设备的过滤缸内没有滤芯，注入水没有经过过滤就直接注入井中，容易堵塞地层，影响油田的注水开发效果。

调查发现，油田污水在回注过程中，过滤缸经常出现堵塞；要解决堵塞问题，必须要卸掉过滤缸的六条螺栓及上盖，将其取出清洗干净后安装回去，重新安装螺栓及上盖；这个过程操作非常烦琐、工作量大，费时费力，因此现场水井管理人员采用了将过滤缸滤芯拆除方式。如何保证过滤缸正常工作又方便清洗操作呢？检查人员经过多方面分析调查，找到一个确实可行的解决方案，并且设计了加工图纸。滤芯缺失的原因是检查人员调查时间接听到的，解决方案是检查人员提出的,这个问题就是间接获得的革新点。

(2)解决方案。

对原有过滤缸进行改进,在它下方安装一个反冲洗阀门,清理杂质时,只需打开反冲洗阀门,即可实现清理杂质的操作。这样,岗位员工不用拆卸螺栓,进行烦琐操作,简化操作步骤,极大地减轻了员工的劳动强度(图2-11)。

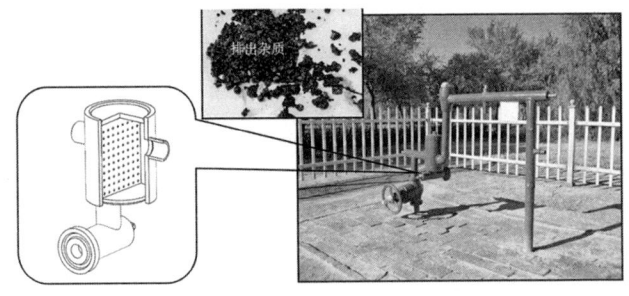

图2-11 过滤缸的改进

四、引发思考

很多书籍致力于教会大家创新和解决难题的方法,但对于岗位员工来说,没有办法发现问题,就像身怀绝技的高人没有对手一样,一切都无法施展。我们常说解决问题有5个步骤:发现问题、分析原因、解决方案、选择实施和情况反馈。在介绍这5步骤时,往往对发现问题轻描淡写,但是发现问题恰恰是解决问题之首。对于有些员工发现问题很容易,但对于有些员工并不擅于发现问题,这就需要他们在平时的工作岗位上注重细心观察,用好直接获得和间接获得革新点的方法就显得尤为重要,这样才能发现潜在的问题并予以解决。

第三章

解决生产难题的八种方法

创新驱动，方法先行。开展技术革新不仅需要丰富的现场经验和专业的理论知识，更需要熟悉和掌握一些技巧和方法，以提高技术革新的研发速度和研发质量。"283"技术革新工作法提出了八种解决生产难题的方法：组合法、拆分法、牺牲法、移植法、迂回法、变形法、逆反法和仿生法。

在生活中，对于同一类问题的解决办法很多，由此就会慢慢掌握窍门，逐渐归纳总结出规律、诀窍、方法。再次解决同样问题，就可以直接按照同类方法来处理，既快速又方便。例如，要想做出可口的锅包肉，如果自己尝试着去做，成功率往往会很低，需要不断摸索掌握经验。但如果按照菜谱制作就很容易，菜谱中会指出操作要点（图3-1）。如果开展技术革新也有方法可循，那么，解决生产难题就会变得容易很多。

图3-1 锅包肉的做法

第一节　组合法

一、概念

组合法是把两种或两种以上的技术、理论、产品进行简单的叠加，形成新的技术、新的理论、新的产品的方法，组合法具有很强的操作性。20世纪后半叶，世界重大创新发明成果80%以上是组合成果，可见组合法在创新创造活动中占有重要地位。组合的方式和方法很多，运用组合法可以形成无数的新设想、新产品。

组合法

1. 直接组合

把所需要的、相关联的、相对独立、成熟技术的产品，不经任何改动组合在一起解决问题。房间顶部的灯泡坏了，没有爬梯换灯泡就变成了难题，利用房屋内的自然资源（桌子、椅子和人）组合就能解决这一问题（图3-2）。

2. 间接组合

利用实物和磁场、不可见光场、电场、热场等组合来解决的问题。这种组合在魔术表演中非常普遍，比如魔术师手中奇迹般转动的螺钉，表面看是魔术师具有超能力，实际是魔术师在利用身上大家看不到的磁场，使用间接组合的方式产生的视觉效果（图3-3）。

3. 功能组合

相对比较复杂，不是简单地把所需要的物品组合在一起，而是需要重新设计将多种工具组合在物品的主体上，实现工具的多功能。

生活中常使用的功能刀,可以包含玻璃刀、螺丝刀、瓶起子、磨刀石、刮皮刀等(图3-4)。

图3-2　直接组合　　　图3-3　间接组合　　　图3-4　功能组合

二、生活案例

1. 多功能刀具

(1)问题引出:丢三落四的人(出门在外带不全的小工具)。

快节奏的生活,使人们的日常生活变得非常忙碌,神经变得越来越紧,有一些人需要经常出门,可能今天在北京,也可能明天就在上海,而在外面时间越长,常用的小工具(剪刀、水果刀、启瓶器、螺丝刀等)就可能需要得越多,随身携带几样生活中需要用到的小工具也显得很有必要(图3-5)。需求越多,疏漏就越多,经常出现想用的工具,用的时候却忘了携带。针对这样的问题,该如何解决呢?

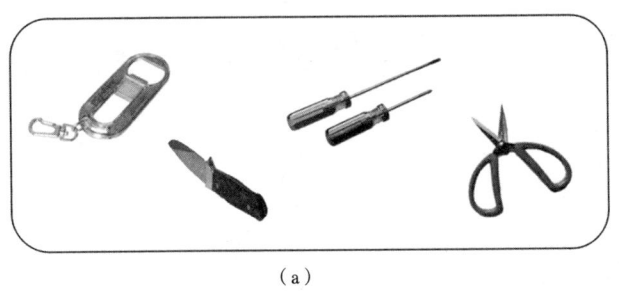

（a） （b）

图 3-5 多功能组合刀具

（2）解决方案。

这个解决方法大家可以在市场上买到——多功能组合刀具，它其实就是将所有的小工具巧妙的组合在一起，用一个组合解决了分散的问题。

多功能组合刀具是组合法中的功能组合。它就是将各个功能集合在一起，并通过重新设计，达到各个单独部件的功能。其实多功能组合刀具还可以扩展实现更多的组合功能。

2. 会跑的箱子

（1）问题引出：累人的旅行。

以前在外出旅行时，很多人都是大包小裹；随着时代的发展，人们开始选用行李箱，物品和需求的增多也使行李箱的个头也越变越大。但是出门旅行不管选择火车还是汽车，选择较大的旅行箱都是一件让人头痛的事。长时间拽着旅行箱行走又累又不方便，特别对于体力小的妇女和年长者就更加困难，那该怎么办呢？

（2）解决方案。

能不能想办法让箱子自己跑，或者坐在箱子上让箱子拉着人跑，这样不就轻松了吗？把旅行箱和电动自行车进行嵌套组合：箱子存放衣物，保障其原有功能；人骑在箱子上，旅行箱变成了电动自行车，拉着人到处走，这样外出旅行就变得轻松愉快了（图3-6）。

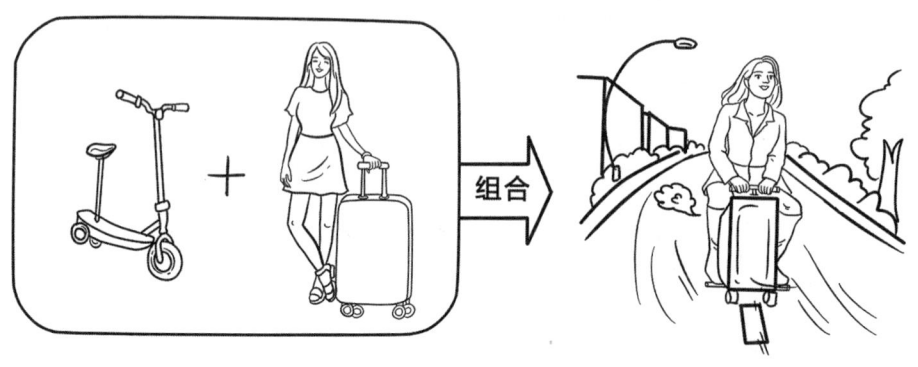

图3-6　会跑的拉杆箱

三、生产案例

1. 组合套筒扳手

（1）问题引出：不好找的套筒头。

电工小王由于工作需要，经常要到现场维修各种配电设备，他的工具袋里面装着各种维修工具，光套筒扳手就有多种，其中10mm、12mm、14mm是他最常使用的。工具繁多，每次使用时都需要从工具袋内仔细翻找，不仅浪费时间，还容易丢失，造成工作延误。有什么好办法解决呢？

（2）解决方案。

小王想：既然常用，不如把它们组合焊接在一起，这样目标大，而且找到一个就能找到另外两个，还不容易丢失。于是，小王回到队里，找到电焊工李师傅，将三个套筒扳手头焊接在一起，成为一个新的组合工具（图3-7）。组合工具在使用时比之前方便了很多，特别是找工具时，再也不用东翻西找，也不用担心扳手头会丢失。通过简单的组合小王解决了自己遇到的问题。

以上是一个典型的组合法中直接组合的案例。直接组合法就是需要什么就组合什么，比如套筒扳手案例需要三种就组合三种，如果需要四种就组合四种，但是要确保使用过程中各个工具互不影响其他工具的使用。

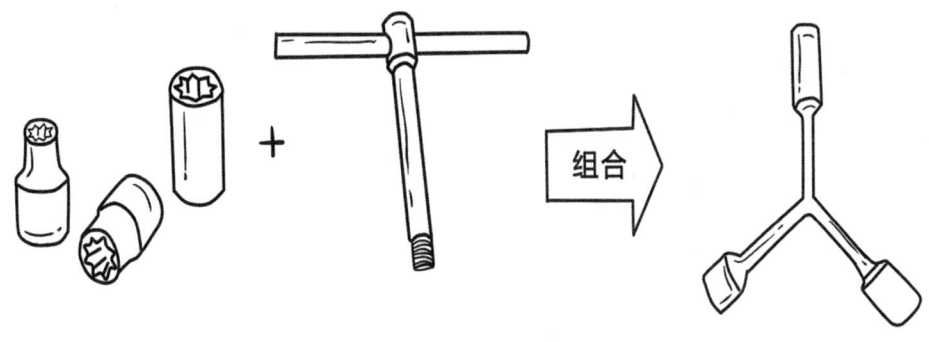

图3-7　组合套筒扳手

2. 井下仪器清洗机器的研制

（1）问题引出：不好清洗的测试仪器。

小路是一名测试工，每天都需要上井进行注水井分层测试工作。测试时，需要将仪器下入井下1000多米的油层位置，在起下仪器过程中，井底的一些杂质和黏稠物质会吸附到测试仪器的探头上，导致测试数据不准，影响测试效果。用抹布无法将测试仪器内部擦拭干净时，就需要对测试仪器进行拆解。拆解仪器需要使用扳手、管钳等工具，过程中容易造成仪器损伤，耗时较长，这在一定程度上影响测试的效率。

（2）解决方案。

为了解决全面清洁的问题，小路和班组成员最初想到的办法是用热水冲洗。于是他们找到锅炉车来进行冲洗，可冲洗出来的油污及黏稠物质在井场上流淌，不能达到环境保护法要求，试用一次后就只能放弃了。他们又想到了第二个较笨的办法：将测试仪器拆开，把每个组件逐个清洗、擦拭干净，然后再将其逐个组装起来。这个方法虽然能将测试仪器清洗干净，但费时费力，而且拆卸和组装过程中还会对测试仪器造成了一定的损伤，有些精密的部件安装精度也难以保证。尤其是冬天，室外温度低，低温下工作极为不便，工作效率低下，影响工作效率。

能否有一种简单快速的方法，让测试仪器清洗既快速又干净呢？为了解决这个问题，大家天天都在闲暇时间展开讨论，在一次讨论时，有个同事开玩笑地说：要是能把仪器放到洗衣机里清洗，是不是就能洗干净了？马上有同志质疑说：测试仪器长2米多，什么洗衣机能装下它呢？

洗衣机的建议在小路耳畔盘旋，但存在的问题也困扰在心中。那能不能弄一个类似洗衣机一样的设备来清洗测试仪器呢？该如何实现呢？渐渐的，一个测试仪器清洗设备逐渐成形：测试仪器一端进入，清洗干净后在另一端拽出。这个大胆的想法在小路的心中激荡起来。

既然市场上没有现成的测试清洗机产品，那就自己设计制作。要想制作出这个专用清洗仪器清洗机，水泵、喷头、加热装置、配电箱等配件都是必要的。而这些都是市场上现有的东西，只要按照需要的参数配备即可，再按照一定的功能要求组合到一起，就可以实现对测试仪器进行清洗（图3-8）。

（a）问题提出

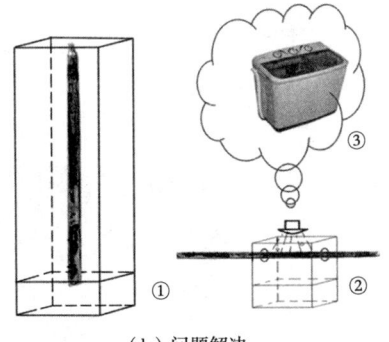

（b）问题解决

图 3-8　不好清洗的井下测试仪器

清洗原理：提前对水进行预热，启动水泵，高压水在水箱中喷溅，让测试仪器在清洗机的一端推入，逐步清洗，洗净后的仪器在另一端拽出，即可完成测试仪器的清洗。这样的清洗机很快做成了，在生产中发挥了很大的作用（图 3-9）。

四、引发思考

组合法是技术创新中最常见的、应用最多的一种创新方法。"组合"的原则是要有多个要素参与，并为同一目标服务，组合后产生 1+1 大于 2 的效果。组合的时候要充分考虑合理性、科学性，也可以结合时间或者空间的因素，可以把各种物品组合在一起，实现想要达到的功能。

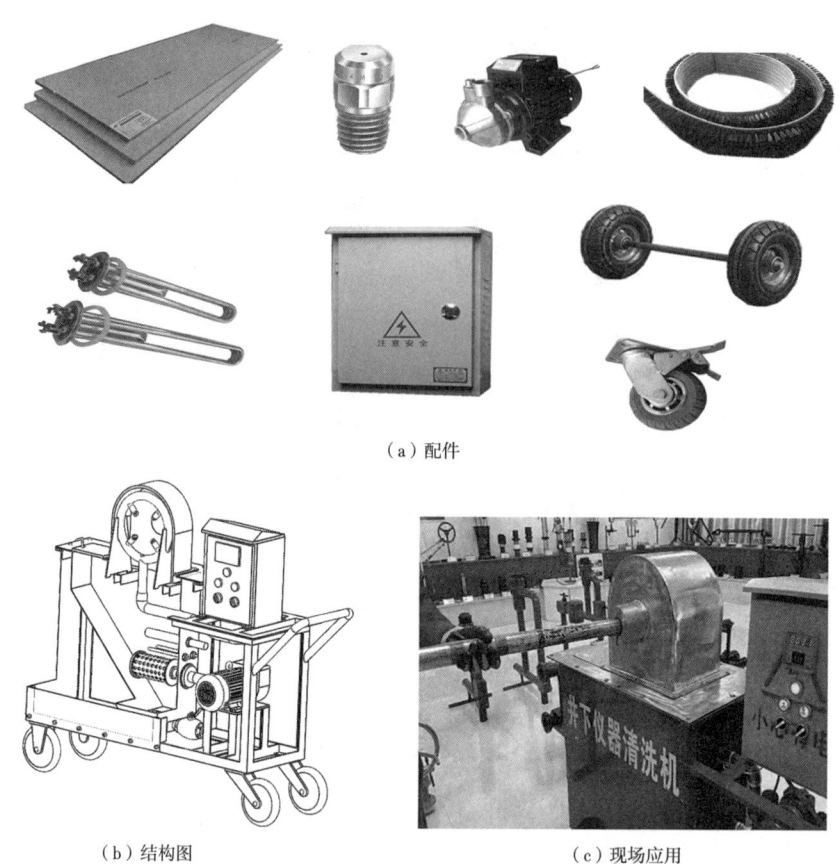

(a) 配件

(b) 结构图 (c) 现场应用

图 3-9 井下测试仪器清洗机

第二节 拆分法

一、概念

拆分法是将一些较大的、操作不方便的物体进行拆分，或者将一些有用物质或有害物质从物体中分离出来，以此来解决生产难题。

1. 分割拆分法

把一个物体分成相互独立的几个部分,使其更容易组装和拆卸,或者分割后增加了原来物体使用功能。公共垃圾箱最早都是整体的,无法实现垃圾分类回收,具有很大的污染性。为此,将垃圾箱按照垃圾分类,进行分割拆分设计为可回收物箱、其他垃圾箱、厨余垃圾箱和有害垃圾箱四种分体垃圾箱(图3-10)。

(a)可回收物　　　　　(b)其他垃圾

(c)厨余垃圾　　　　　(d)有害垃圾

图3-10　四种分体垃圾箱

2. 抽取拆分法

从整个物体中抽取出的有用部分(或属性)或有害部分(或属性)。物体可以是固体,也可以是液体;抽取以虚拟方式或实物方式进行。刚从地里挖出的土豆裹满了泥土,而对于选购土豆的消费者来说,购买的是土豆而不是泥土,通过清洗机就可以实现将土豆和泥土拆分的目的(图3-11)。

(a)新出土的土豆　　　　　(b)清洗机　　　　　(c)清洁土豆

图3-11　清洗土豆

3. 多孔拆分法

拆分时把物体设计成多孔或加入多孔性的物体。若一物体已是多孔的,则利用这些孔预先引入有用的物质。电气设备的插头多为一个整体,利用多孔拆分法将插头进行拆分,设计成中心孔并安装一个发光环,不仅方便夜晚操作而且插拔插头更加方便(图3-12)。

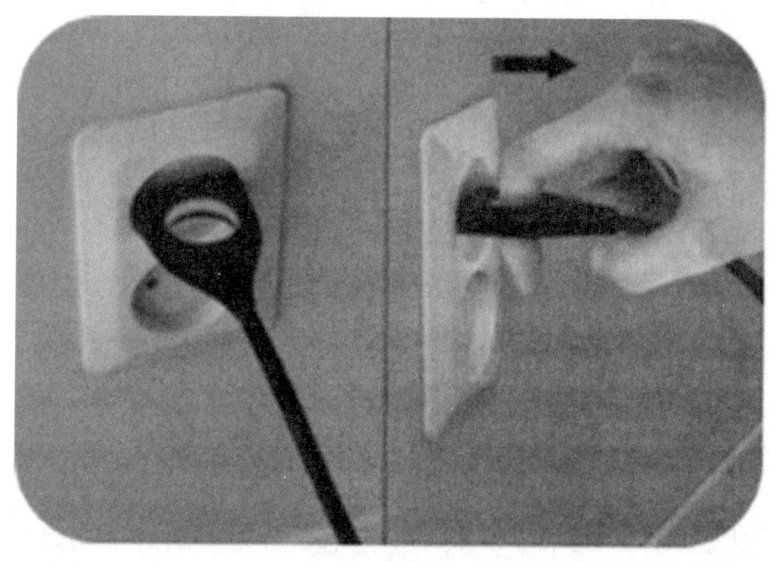

图3-12　多孔插座(带中心孔的插头)

二、生活案例

1. 小包装米的诞生

（1）问题引出：难搬运的大米。

过去，市场上的大米都是采用大麻袋包装的，一麻袋要装200斤，一般都需要体力非常好的人才能搬运得动。单位分大米时，都是安排几个体力好的人负责搬运，有时还得帮体力不好的同事分的大米送到家。同时200斤麻袋包装的大米存储也是很头痛的事，每年都会因大米生虫子而苦恼。

（2）解决方案。

如果把大麻袋的200斤大米改成小袋包装，如100斤、50斤、20斤等，搬运起来就方便多了，还不会因长时间存储而生虫子。现如今超市都是采用各种规格的小袋来包装大米，这种小袋包装大米就是最简单地运用拆分法中的分割原理来实现的（图3-13）。

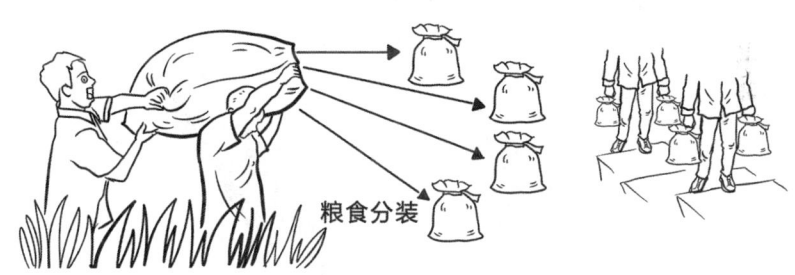

图3-13　大米分袋小包装

2. 自动铅笔的发明

（1）问题引出：木头铅笔的改进。

18世纪，铅笔发明人使用石墨粉末掺入一定量的硫黄锑和松香，经加热凝固后，制作了铅笔芯，然后在外面缠裹上纸条，形成了最初的铅笔。

1812年，美国一位心灵手巧的木匠——威廉·门罗给铅笔穿上了木头外衣，制作出一直沿用至今的木头铅笔。木制铅笔在过去还是比较贵的，而且使用时需要将铅笔削尖了才能用，用完了还需再购买新的。那有没有不换笔杆，只换铅芯的铅笔呢？这样可以节省很多笔杆，减少对木材的消耗，还能节约许多费用。

（2）解决方案。

20世纪80年代，曾有人算过一笔账，中国每年因铅笔消耗，需要采伐上万公顷的森林，这对生态环境造成了很大的破坏。为此，当时就有人提出用其他材质的笔杆代替木质铅笔笔杆，随后便出现了废纸笔杆铅笔，废纸笔杆铅笔在中国流行了几年，如今已经看不到这样的铅笔了。

1822年英国人发明了世界上第一支自动铅笔，它的出现顺应了人们对便捷的需求。自动铅笔，顾名思义就是能自动或半自动出芯的铅笔，使用过程中不需要卷削（图3-14）。

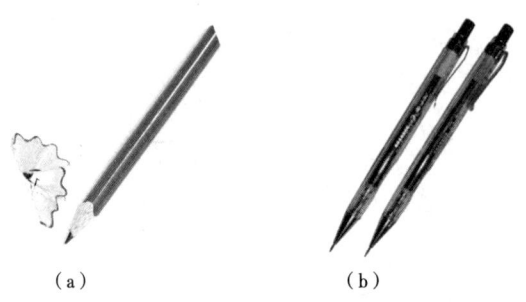

(a)　　　　　　(b)

图3-14　木头铅笔的改进

20世纪40年代美国派克公司生产出首批0.9mm旋转式活动铅笔，铅芯无须人工削尖。1965年日本研制成功0.5mm和0.7mm两种合成树脂细铅芯，并开发了新型三爪卡头，取代了传统的金属三爪卡头。

同年，日本派罗德自来水笔株式会社首次生产出脉动式细芯活动铅笔。70年代又相继开发了二次揿动式、双卡揿动式和甩打揿动式结构芯活动铅笔。1979年联邦德国法伯·卡斯特铅笔厂首次推出自动出芯式活动铅笔。1980年前后又研制成功了塑料二爪卡头，使自动铅笔在材料和结构上有了新的突破，逐渐在全世界推广开来。

三、生产案例

1. 曲柄销子滑锤的研制

（1）问题引出：沉重的曲柄销子滑锤。

油田的日常生产中，更换抽油机曲柄销子是一项非常费力、员工都不愿意干的工作。这项工作需要员工站在抽油机减速箱上，用18磅大锤使劲击打，将抽油机曲柄销子从曲柄销套中砸出，再将新的曲柄销子砸进销套中，才算完成对曲柄销子的更换。这项工作危险性很大，因为站在高空抡大锤不安全，能够击打部位非常小，很难打中，每次换一个曲柄销子都累得一身汗，为此员工非常苦恼。如何能让这项既危险、又难干的工作变得轻松些、安全些呢？

（2）解决方案。

为此，革新团队设计了一体化滑锤，在现场应用中取抽油机曲柄销子的效果非常好，但是员工使用后又反映出一些问题：一体化滑锤太重，在使用过程中搬动和安装都非常费力。了解情况后对一体化滑锤又进行改进，将它进行分段设计，把前端与抽油机曲柄销子连接的部分做一个曲柄销子连接头，再让滑杆与连接头通过螺纹连接，最后插入滑动头，后端连接堵头封堵，这样安装起来更为方便，每一部分重量都非常轻，一件一件的组合在一起，然后进行击

---

❶ 1磅=0.454千克。

打，很快就可以将抽油机曲柄销子击打下来。拆装都非常方便，可以逐件拆装。这就是利用拆分法，使拆装曲柄销子实现了快捷、简便和安全的作业。该成果在采油厂进行推广应用后，员工普遍认为工具很好用，既安全、又轻松（图3-15）。

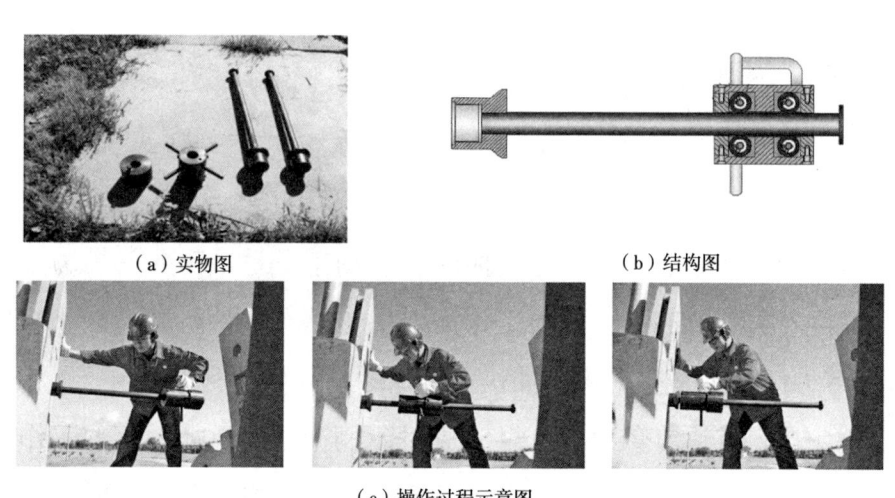

（a）实物图　　　　　　　　　　（b）结构图

（c）操作过程示意图

图3-15　曲柄销子滑锤的研制

2. 抽油机调平衡工具的改进

（1）问题引出：不方便使用的调平衡工具。

抽油机在运行过程中承受井下交变载荷，上行程承受载荷大，下行程承受载荷小，载荷差值较大。为使抽油机平稳运行，在曲柄上设计安装了平衡块，每个平衡块质量约500千克。当抽油机上行程时，平衡块向下运行帮助抽油机减少载荷；当抽油机下行程时，电动机带动平衡块向上运行储存能量，从而使抽油机上行程和下行程载荷差异变小，确保抽油机的平稳运行，同时延长电气设备使用寿命。

抽油机井在生产中，如果地层供液能力发生变化或井下设备出现故障时,都会使抽油机承受载荷发生相应的变化。为了维持生产,需要维修工对平衡块的位置进行调整,使其达到平衡要求(平衡原理与生活中的天平秤通过调整平衡螺母位置达到平衡类似)。生产现场大多使用摇把式调平衡工具调整移动平衡块,该工具采用一体化设计,牙轮与摇把之间采用焊接方式固定。使用时,牙轮与曲柄平面上的齿牙配合,通过搬动摇把旋转牙轮,最终移动平衡块(图3-16)。摇把式调平衡工具存在以下问题:一是摇把的手柄与牙轮不在一条直线上,受力时易发生滑脱现象;二是摇把臂较短,力矩小,转动比较吃力;三是由于牙轮与摇把是焊接固定,为了方便摇把转

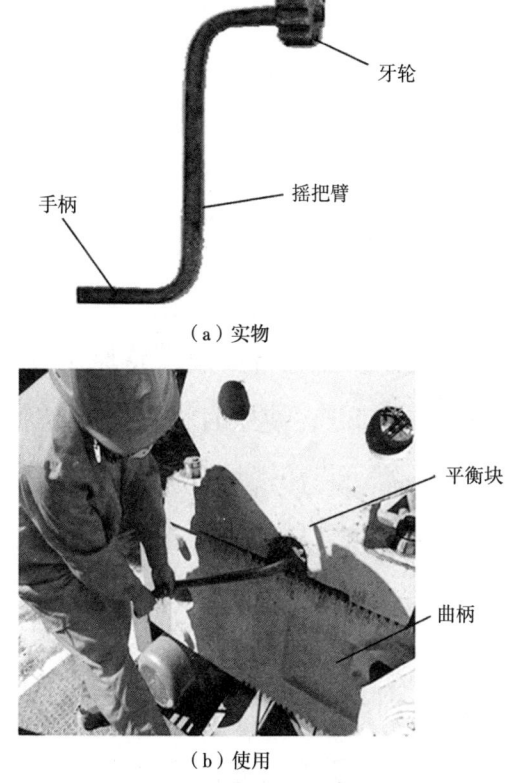

(a)实物

(b)使用

图3-16 摇把式调平衡工具

动和施力,每转动不大的角度,就要重新调整工具的角度和位置,非常麻烦;四是当平衡块上的锁块孔眼移动到连杆或曲柄销子总成附近时(图3-17),牙轮就无法安装,影响调整工作。

图3-17　连杆曲柄销子总成实物

(2)解决方案。

摇把式调平衡工具是一体化设计,力臂设计较短造成转动时费力气,需要加长力臂就可以解决。由于牙轮与摇把之间焊接固定,在旋转牙轮到一定角度时,就要将工具取出再安装,调整过程烦琐,实现自动转换角度的功能。

以上问题可采用拆分设计进行解决,将原工具设计成牙轮、连接短节和棘轮加力杆三个部分,使用时将其组装起来即可(图3-18)。使用时首先将牙轮在外侧安装在锁块孔眼内,再把连接短节从内侧孔与其连接,最后将棘轮加力杆变头与连接短节安装在一起。棘轮加力杆可解决移动平衡块费力的问题;棘轮加力杆上的换向系统,能够解决牙轮旋转到一定角度,不需要取出重新安装的问题;当平衡块上的锁块孔眼移动到连杆或曲柄销子总成附近时,由于采用分体设计,可在内侧安装调平衡工具进行调整(图3-19)。因此调平衡过程方便快捷。

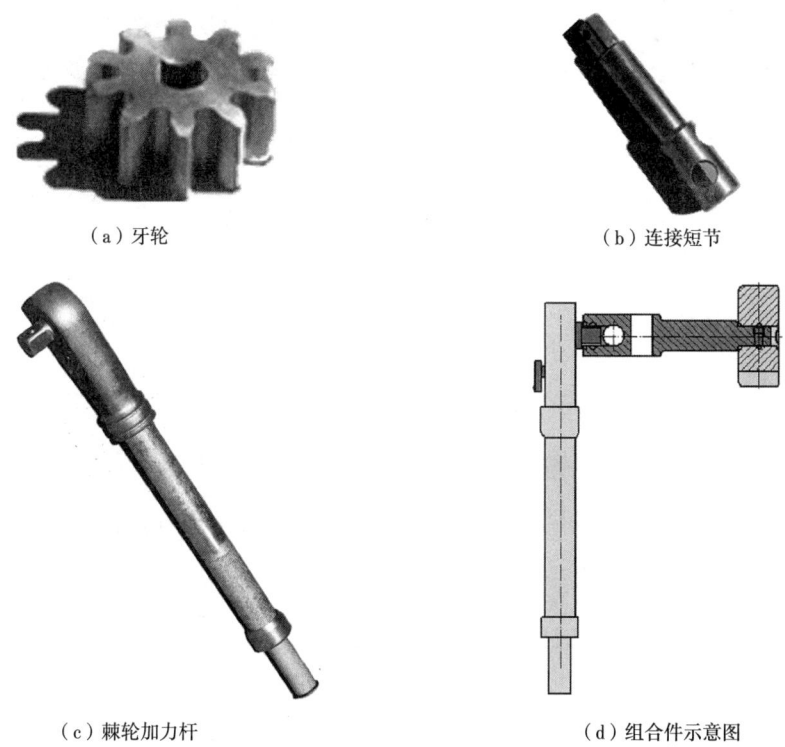

(a)牙轮　　　(b)连接短节

(c)棘轮加力杆　　　(d)组合件示意图

图3-18　快速调平衡工具

图3-19　快速调平衡工具应用

运用拆分法设计的抽油机快速调平衡工具，在现场应用中得到员工一致好评。以往调平衡操作需要2人配合，操作40多分钟才能完成。使用该工具后，一人只需20分钟就可完成，既减轻员工劳动强度，提高了工作效率，又确保操作安全。成果目前在大庆油田推广应用2100套。

四、引发思考

拆分法有着化繁为简、化腐朽为神奇的功能。当遇到一个复杂的、短时间无法解决的问题，可以尝试着将问题进行拆分。拆分法的要点是"巧"拆不是"强"拆。拆是要有技巧和规律：一是对于较大的物件适合分体设计，实现分体运输、安装、操作；二是通过拆分解决难题时，可以巧妙地实现新功能。

第三节　牺牲法

牺牲法

一、概念

牺牲法是从战术上的叫法引申过来的，它在技术革新中指就是利用某一个物件的损伤、变形或消失，保护另一个物件的完整性功能性来解决生产难题。

1. 中介物牺牲法

在相互作用的两个物体之间，安放一个或多个中介物体来转移和传递作用，以防物件损伤。铁路上铺设钢轨时，在钢轨的两侧临时安装两个半圆形磁铁插入器，使钢轨形成了圆形接触面便于滚动，还减轻了操作工人的劳动强度，同时避免钢轨因翻滚造成的磕碰损坏（图3-20）。

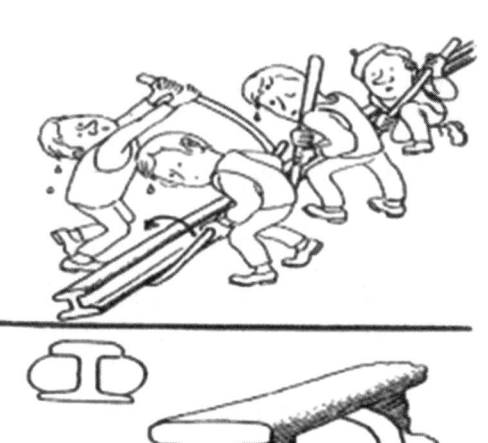

图 3-20 安装磁铁插入器的钢轨

2. 自服务牺牲法

运用材料性能实现对物品的保护功能,而后在改变参数条件下,产生自消失、自恢复以及自补充等功能。例如有些中药和西药需要在人体的某些部位进行治疗,如果直接口服不一定达到治疗的效果,利用胶囊将药物装入其中,不仅能保护药物在到达指定地点后才开始发挥作用,而且还能隔绝药的特殊味道(图3-21)。这里胶囊起到保护作用,使药剂等到胶囊融化释放被人体吸收,胶囊的融化就是自服务的一种牺牲作用。

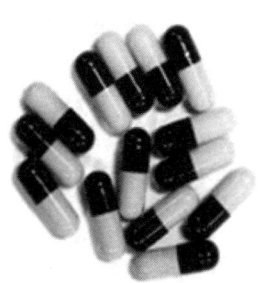

图 3-21 胶囊

二、生活案例

1. 手机贴膜的妙用

（1）问题引出：手机屏幕易划伤的烦恼。

手机是人们日常生活中不可缺少的通信工具，频繁地使用过程中很容易将手机屏幕划伤，降低屏幕的清晰程度，不小心掉到地上，还可能将手机屏幕摔坏，致使手机无法使用，更换手机费时费钱不说，还有可能因无法及时接听重要电话而误事。

（2）解决方案。

生活中最常用的解决方案就是用手机贴膜来保护手机。手机膜不仅能保护手机，还能美化手机，因此广泛应用于手机的美容，过去还被称为手机美容膜。随着科技的进步，后来又发展了防刮保护膜、钢化膜、防窥膜、镜面膜、磨砂膜、高清膜等。给手机贴膜就是牺牲法的一种。手机贴膜后，屏幕可防摔、防指纹、防刮花，不仅能保护手机屏幕，而且还提高了手机性能。手机膜更换后可以使手机焕然一新，可以起到旧机翻新的效果（图3-22）。

（a）被硬物划伤的手机面　　（b）新手机粘贴上保护膜

图3-22　手机贴膜的妙用

2. 钉鞋掌的妙用

（1）问题引出：磨损的鞋底。

鞋是生活的必需品，甚至可以作为奢侈品、收藏品。人们在走路时，鞋底与地面接触，鞋跟最容易磨损，影响美观，甚至会影响使用。改革开放初期，中国大部分家庭并不富裕，个人的收入也不高，那时能有一双好皮鞋是件很有面子的事，但是皮鞋穿久了，磨损在所难免，最先磨损的地方都是鞋跟。男人的鞋跟容易磨偏，女人的高鞋跟容易磨短，而这时候大部分皮鞋的鞋面还挺好的，将其扔掉着实可惜，继续穿既不好看又不舒服。那该怎么办呢？

（2）解决方案。

后来一些修鞋人出现在市场上，其中有一项服务就是钉鞋掌。他们将男人的皮鞋鞋跟磨偏的地方处理后钉上鞋掌，或是将女人的高跟鞋鞋跟上安装一个鞋掌，经过处理的皮鞋又焕然一新，可以继续穿了。再后来，买的新鞋鞋跟有很多都是可以更换的，特别是女人的细高跟鞋，一般会多配一个鞋掌。这种钉鞋掌就是技术革新牺牲法的一种，即牺牲了鞋掌，保护了整双皮鞋（图3-23）。

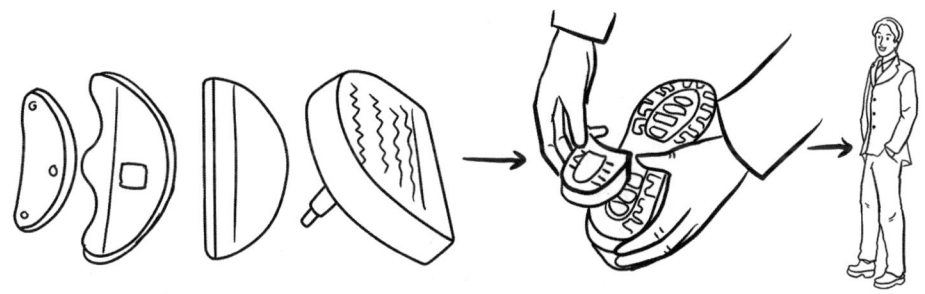

图3-23 钉鞋掌的妙用

三、生产案例

1. 保护螺纹的铁帽子

（1）问题引出：容易打坏的曲柄销子。

在油田生产中，抽油机井调冲程是抽油机井参数调整的一项重要工作，抽油机井调冲程需要根据现场测得的数据将曲柄销子从一个孔调换到另一个孔中。但在实际工作中，将曲柄销子从曲柄冲程孔中取出难度很大，其主要原因是曲柄销子与冲程孔的配合属于紧配合，再加上运行时间长、野外设备易生锈等问题更进一步增加了拆卸难度。现场操作时，一般员工都是采用大锤砸的方法，将曲柄销子从冲程孔中砸出来，这个过程非常耗时，需要用抡大锤多次反复砸，非常容易造成抽油机曲柄销子的销子端部和螺纹的损伤，严重时造成曲柄销子报废，带来较大损失。

（2）解决方案。

怎样做才不能伤及曲柄销子和螺纹？可以在曲柄销子端部安装一个中间物品，也就是给曲柄销子的螺纹部分戴上一个"铁帽子"，通过牺牲"铁帽子"来保护抽油机曲柄销子端部，也就是即使砸坏了"铁帽子"，也不会伤及曲柄销子及螺纹，有效地保护了受击打部位的完整（图3-24）。"铁帽子"在现场应用取得非常好的效果，不管用多大力量击打，都没有出现损伤曲柄销子端部的现象，大量地节约了材料消耗成本。

图3-24 螺纹保护帽的应用效果

2. 抽油泵游动阀罩的改进

（1）问题引出：不结实的阀罩。

抽油机是油田常见的机械采油设备，抽油机的生产运行是通过毛辫子、悬绳器和方卡子与抽油杆连接，带动井下抽油泵做上、下往复运动，不断将井底的原油举升到地面。生产现场的抽油泵大多采用往复泵，往复泵主要由工作筒、活塞和固定阀三部分组成，固定阀安装在泵筒的底部（图3-25和图3-26）。

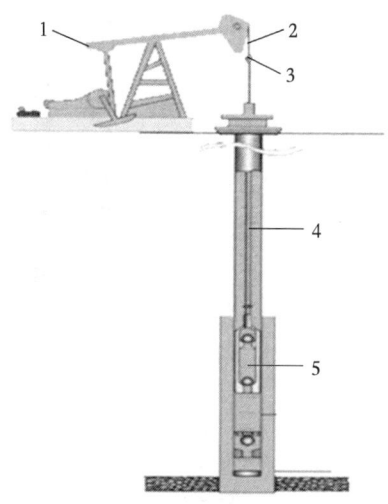

图3-25　抽油机抽油工作原理示意图
1—抽油机；2—毛辫子；3—悬绳器和方卡子；4—抽油杆；5—深井泵

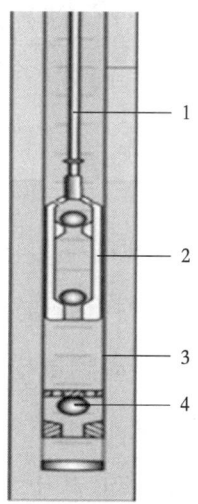

图3-26　抽油机深井泵结构图
1—抽油杆；2—活塞；3—工作筒；4—固定阀

活塞安装在泵筒内,可做上、下往复运动,活塞上有两个游动阀(3-27)。游动阀由游动阀罩、阀球和游动阀座组成(图3-28)。

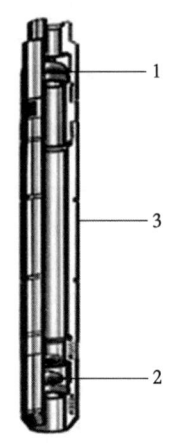 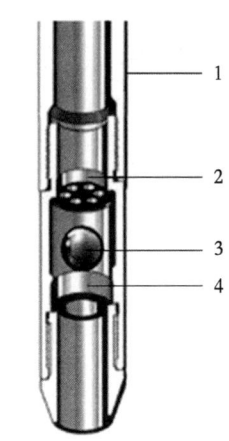

图3-27　深井泵活塞结构图　　图3-28　游动阀结构图

1—上游动阀;2—下游动阀;3—活塞　　1—活塞;2—游动阀罩;3—阀球;4—游动阀座

抽油机运转过程中,抽油杆带动抽油泵活塞运动。上冲程时,阀球向下运动,坐在游动阀座上,关闭活塞中心通道,此时固定阀打开。下冲程时,固定阀关闭,阀球向上运动离开游动阀座,打开活塞中心通道,使液体上行进入油管。活塞上、下往复运动,游动阀与固定阀不断交替关闭和打开,井内液体就会不断上行,最后到达地面(图3-29)。

在抽吸过程中,活塞内的阀球往复上、下运动,由于受到液体冲击力作用,阀球在向上运动时会撞击游动阀罩,且力量非常大,在长期频繁撞击的作用下造成游动阀罩损坏(图3-30)。撞击严重时,阀球会进入阀罩内堵塞活塞中心通道,增加井液流动阻力,造成抽油泵泵效降低,产量下降。需采取井下作业方式进行处理,处理过程既影响正常生产,又浪费资金。

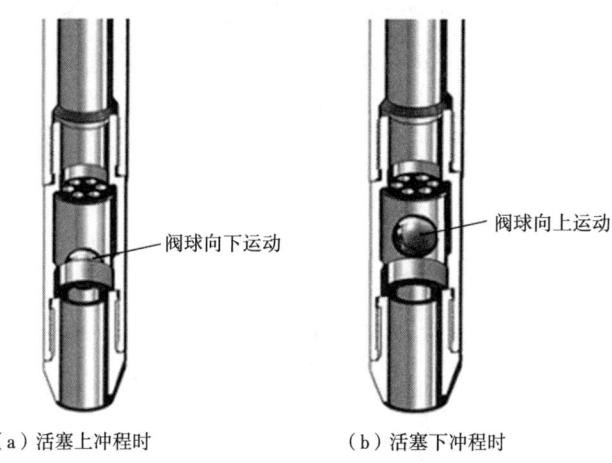

(a)活塞上冲程时　　　　　(b)活塞下冲程时

图3-29　游动阀工作原理示意图

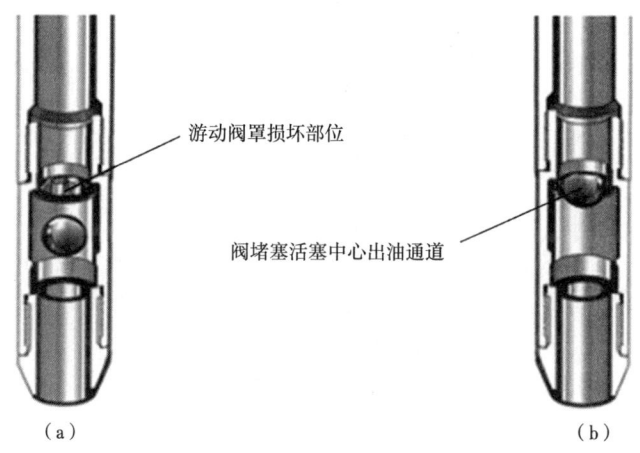

(a)　　　　　　　　　　(b)

图3-30　游动阀罩损坏及故障示意图

（2）解决方案。

通过分析，游动阀罩损坏的原因是阀球向上运动撞击所致。在目前技术条件下，要解决上述问题，只能寻找减少撞击力或保护阀罩不被撞击的办法。经过多种方案优选，最终选择保护阀罩不被撞击的方案：在游动凡尔罩下部安装一个圆柱体，作为牺牲物体保护阀罩，防止阀球直接撞击游动凡尔罩（图3-31）。改进后的游动阀罩经过6年多的现场应用，达到预期效果，能够避免因游动阀罩损坏而增加的作业次数。现场应用既能提高抽油机井生产时率增加产油量，又能节约作业成本。目前在大庆油田推广应用。

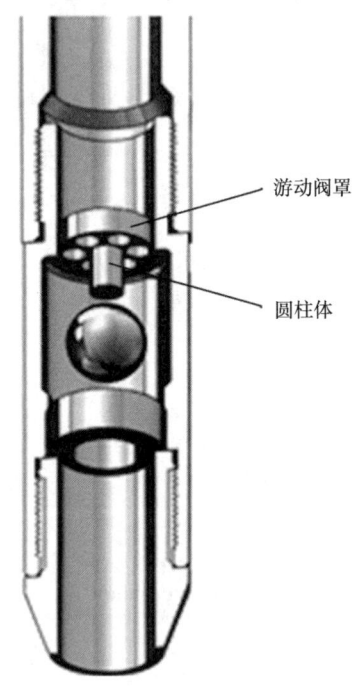

图3-31　游动阀罩结构改进示意图

四、引发思考

在生产中或者生活中，总要面临一些取舍，牺牲法演绎出取舍的最高境界。通过牺牲某些物品，来达到提高某些物品的性能或者安全性。所有的牺牲都遵循着这样的原则，就是用价值低的、方便更换的物品去保护价值高的、不方便更换的物品。牺牲法就是用牺牲换取更大的效益。

第四节　移植法

一、概念

移植法是将本行业或其他领域成熟的技术、成果，改进或直接应用到生产难题中来解决问题的方法，这样解决问题方式经常被称为"拿来主义"。移植法的特点是技术成熟度高、解决问题速度快，可防止重复研发节约资金。

移植法

1. 理想移植

移植某一项技术成果，或多或少都需要进行局部改造来满足设计的指标要求，而理想移植是对引进的成果不做任何的改进直接应用解决问题。例如，利用装白酒的专用酒瓶来装散装的陈醋和酱油，这就是理想的移植，没有对其做任何的改变（图3-32）。

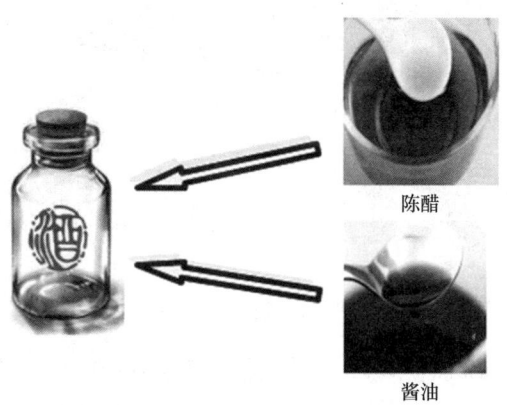

图3-32　酒瓶应用

2. 材料移植

材料移植又称材料替换，它是指在环境及指标的特殊要求下，某些物品由于高强度、耐腐蚀、导电性、低造价等要求,对现有部分材料进行改进替换。例如,过去使用的医用注射器是玻璃的,造价高、易破碎,改进后用造价低廉的塑料代替玻璃,不仅降低了价格,还能确保安全,实现了一次性使用(图3-33)。

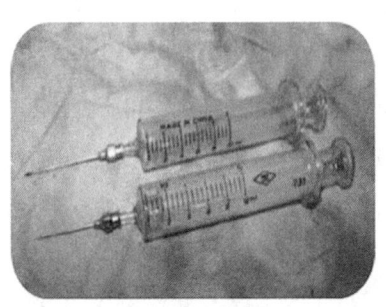

(a)玻璃注射器

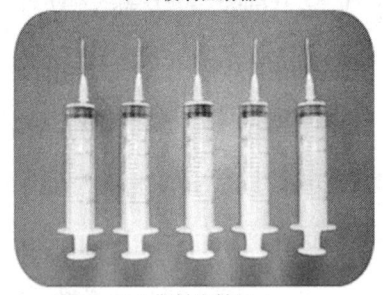

(b)塑料注射器

图3-33 医用注射器

3. 原理移植

引用其他领域产品结构、原理进行新产品的改进、设计。例如,超导技术具有提高强磁场、大电流、无热耗的独特功能,移植到计算机领域研制成无功耗的超导计算机,移植到交通领域研制成磁悬浮列车,移植到航海领域研制成超导轮船,移植到医疗领域研制成核磁共振扫描仪……

特点:技术成熟度高、可以防止重复研发。

二、生活案例

1. 给树打营养

（1）问题引出：高档树木移植难成活的问题。

随着时代的发展与社会的进步，人们的生活越来越好，城市的建设也越来越美，道路两旁的绿化也越来越漂亮。为美化城市环境，景观树的移栽也更为普遍。这些景观树大多数都是从大山里移栽过来的，由于生长环境的变化、土壤成分的改变、移栽过程中树根的损伤，导致移栽过来的景观树成活率低下，发生大量的树木死亡。而景观树价格不菲，低下的成活率给城市绿化工作带来很大的损失。那该如何解决这一问题呢？

（2）解决方案。

为了提高这种高价值的大型景观树成活率，人们想尽了围树坑、勤浇水等各种办法，但收效甚微。后来通过土质化验、环境对比、运输和后期维护方式等多方面分析了景观树死亡原因，得到了许多有效的措施，其中给树木补充营养和生长调节剂来促进根的生长，就提高树木存活率的一种很有效的方式。那该如何让树木快速吸收呢？

传统的方法很难实现让树木快速吸收，后来人们借鉴人类静脉注射的方法，将静脉输液器直接应用到了树木上，大大提高了树木营养的吸收速度（图3-34）。

给树木输液的方法是一种非常典型的技术革新移植法。它是将给人输液方法移植到给树木输液上，属于现有技术、设备完全移植。

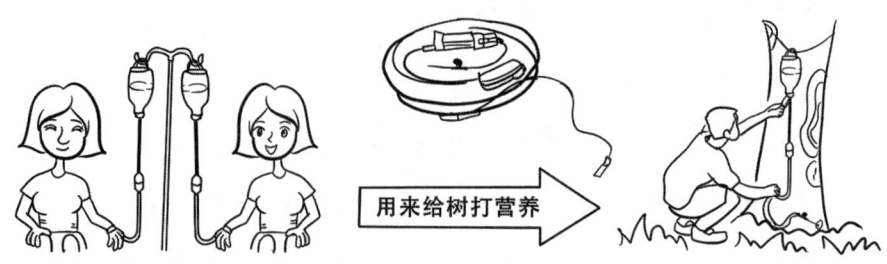

图3-34 静脉输液器的移植应用

2. 自动缝合的伤口

（1）问题引出：伤口的缝合。

人们在生活和工作中时，受伤的情况是在所难免的，小的伤口经过简单处理能自行恢复，大的伤口就需要进行缝合，另外涉及某些疾病的治疗手术也会有刀口缝合。传统的缝合都是采用一针针缝合的办法，既落后又给患者带来一定痛苦。是否能进行改进，达到既快又好的效果呢？

（2）解决方案。

利用拉锁原理制作医用拉扣，将拉扣用粘胶粘在伤者的伤口上，利用拉扣的锁死技术，伤口自动缝合，极大地减轻伤者的痛苦。医用缝合拉扣使用时只能收紧不能松开，在一根根的拉紧之后，原本裂开的伤口就紧紧地贴合在一起，不需要再用缝线，医用缝合拉扣提供的拉力足够保证伤口愈合，等伤口恢复之后，直接把它撕下即可，使用非常简单。由于不用缝针，几乎不会留下疤痕，伤者再也不会因为缝针、拆线而受苦！这项技术就是在拉锁的基础上找到灵感而发明出来的（图3-35）。

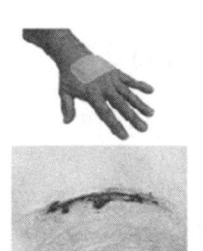 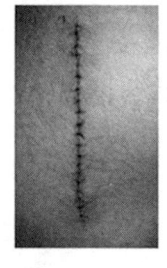 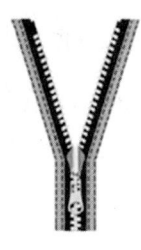 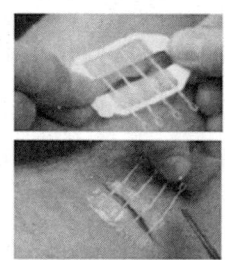

（a）传统缝合　　　　　　（b）拉链　　　　　　（c）拉扣缝合

图3-35　自动缝合的伤口

三、生产案例

1. 不好钩的"花篮"

（1）问题引出。

注聚泵是油田三次采油的重要设备，一般多采用柱塞泵。按照设备管理要求，运行设备需要定期保养，将柱塞泵的零件按保养规范进行检查、清洗、润滑等作业，对发生磨损或损坏的零件进行更换。保养时，需要将柱塞泵进出口阀打开（也叫单向阀），将阀内阀件逐一拆下进行检查，但在拆阀件时出现了困难，主要是在拆卸阀座（俗称"花篮"）时，阀座取不下来，其原因是阀座与阀体配合的较为紧密，没有合适的工具将其取出来。

（2）解决方案。

为了能够将"花篮"顺利取下来，最初用铁丝制作了一个临时工具——钩子，用于钩取"花篮"，但在钩取过程中，总是钩不动或钩到一半就脱钩的现象。

怎么样能够快速钩到"花篮"并顺利取出？有人想到用内卡钳来取"花篮"。卡钳是一种取卡簧的专用工具，它分为内卡钳和外卡钳，而取"花篮"这个活，用内卡钳最合适。但现有的内卡钳长度不够，而且角度也不对。因此对内卡钳进行了加长，并对钳嘴进行改动，新的内卡钳应用到拆卸"花篮"上后，拆卸工作变得容易多了，工作效率大大提高（图3-36）。

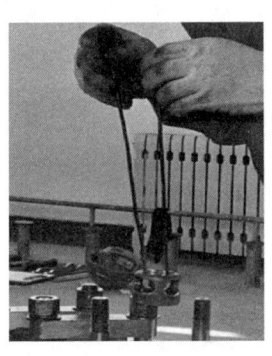

图3-36　借助卡钳快速钩取"花篮"

2. 难以观测的罐车液位

（1）问题引出。

罐车是井上作业的重要设备，它液位的高低情况需要经常掌握，但是由于罐车内拉运的液体含油、含沙，容易造成罐车内的液位计损坏。液位计损坏后，若要了解液位情况，就必须爬到罐车上去察看液位情况，这样不仅增加了工人的劳动强度，还存在一定的安全隐患。

（2）解决方案。

怎么样解决这个问题呢？一次在家里洗碗时，乳胶手套掉到水里，兜了一兜水，据此产生灵感：可以把手套用到罐车液位计处，用它让显示液和被显示液分开。在这个灵感上改造了罐车液位计，把乳胶手套装在罐车尾部，乳胶手套内装显示液体，外部则与罐车内液体接触。随着罐车内注入的液体增加，手套内的液体被压进显示管中,这样保证手套内外两侧罐车液位和显示液位高度相同。该项技术优点:①罐车内的杂质不能进到显示管中;②显示液当中是防冻液,在冬季生产时不容易冻,观测液位清晰、准确。用乳胶手套改造液位计实质上是应用了连通器的原理,把它称为不连通的连通器,连通的是内外压力相同,不连通的是显示液和罐车内的液体,用乳胶手套将两样液体隔开,显示管内永远是清洁的防冻液(图3-37)。

图3-37　罐车液位器的应用

四、引发思考

在进行移植的时候,首先要思考的问题是为什么要移植、移植什么和移植后能够达到什么效果,再做移植的决定。说到移植,很多时候会认为移植法就是将成熟产品进行移植,没有技术含量。但在解决生产难题的时候，如果已经有能够解决的方法或者产品，就没有必要重复研发，能节约大量的人力、物力。移植拓展了不同领域，也就是俗称的"跨界"。

第五节 变形法

变形法

一、概念

变形法是通过改变原有物体内部和外部的形状及结构来满足新的指标要求，这种改变不影响原物体的基本功能。

1. 结构变形

通过物体结构、形状的改变，增加新的功能。例如，在椅子上移植合页技术，让其各个"关节"都能动起来，椅子通过外形的变化实现不同的使用功能（图3-38）。

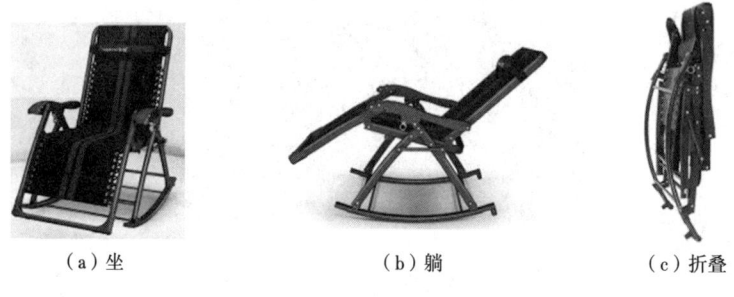

(a) 坐　　　　　　(b) 躺　　　　　　(c) 折叠

图3-38　椅子变形

2. 温度变形

利用金属的热胀冷缩的原理，解决设计的工艺要求。例如，加工的轴件需要齿轮的中心孔紧密配合，可以先对齿轮的内孔加热使其产生热膨胀,内孔径增大后将轴件放入其中,温度降低后内孔收缩轴件就实现被抱死(图3-39)。

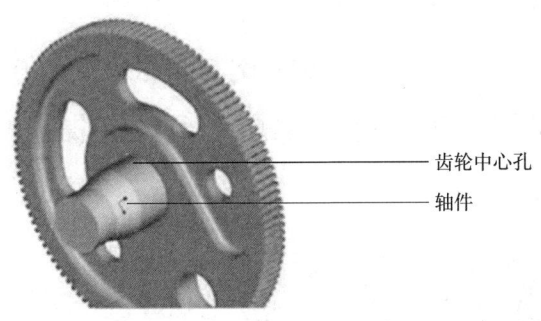

图3-39　齿轮与轴配合

3. 局部变形

在某一特定区域内(局部的)改变某事物的局部特性,以便获得某种所需的功能特性。例如,对鞋子的局部位置底部,进行变形增加鞋底厚度,满足人群不同的需求(图3-40)。

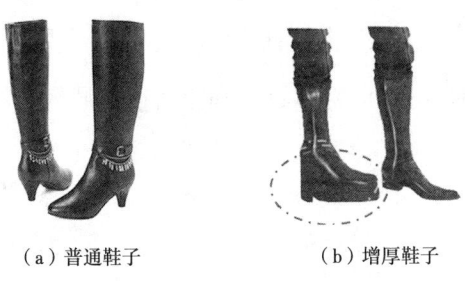

(a)普通鞋子　　　　　(b)增厚鞋子

图3-40　鞋底变形

二、生活案例

1. 变形的钢丝

(1)问题引出。

在生活中可能会根据需要自己动手制作一些物品,一捆铁丝可以通过改变它的外形,做成需要的铁丝网、晾衣架、钩、耙等工具(图3-41)。

(2)解决方案。

铁丝无论是做成钩子还是晾衣架,它每一次形变都实现了新的功能,但是它的本质没有变,仍然是铁丝,这就是典型的变形法。

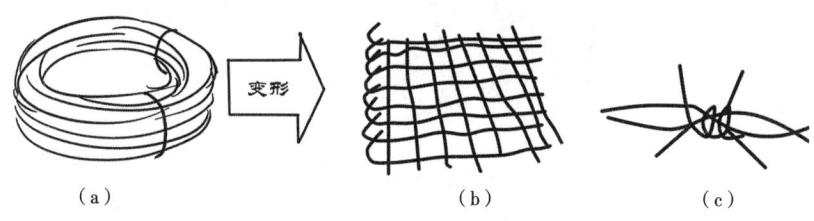

图3-41 变形的铁丝

2. 可以变大的玩具球

(1)问题引出:玩具球变大的原理。

在日常生活中经常看到有的小孩拿着一个很小的球,向上抛出之后球会逐渐变大,可以大出原来体积的几十倍,回到手中或者地上后球又自动变小,这种变化是如何做到的呢?(图3-42)

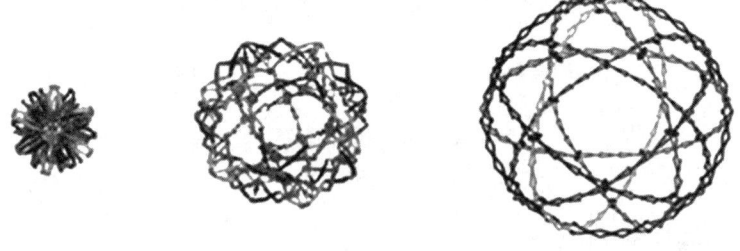

图3-42 可以变大的玩具球

(2)解决方案。

原来这种可变大的玩具球是由一些小组件组成,小体积时是各个组件紧密交织在一起；当球被抛出时，各个组件移动，整个架构逐渐变大。实际上这种变大的过程，就是整个球体架构的改变，使球体的整个架构变大，这就是小球变大球的原理。

三、生产案例

1. 极限调偏密封填料盒的研制

（1）问题引出：容易损坏的密封填料盒。

密封填料盒是抽油机井井口流程的重要组成部分，在井口流程中主要起到固定管线与上下运动的光杆之间的密封作用。密封填料盒使用时要求光杆必须在它的中心位置，否则，容易发生偏磨而引起密封填料盒损坏，影响其密封效果，造成原油外泄。然而，在实际的生产过程中，有些抽油机井由于原井口流程下沉、打井时井偏等原因，有一小部分井会存在光杆和密封填料盒不对中现象，造成密封填料盒损坏，出现井口跑油的事故，即便调整也达不到对中的要求。

（2）解决方案。

能不能解决这一难题呢？其实原有的密封填料盒本身就是有一定的调偏功能，现场拆解和仔细研究发现，光杆和密封填料盒对中不好的原因是原有密封填料盒调偏部位只能实现转角调整，不能实现水平调整。实质上也就是原来固定调偏球腔体的体积过小，束缚了它的水平位移，如果把这部分体积放大，调转球头能够随着光杆的位置变化而发生水平位移，这样就能实现光杆始终处在密封填料盒的中心位置，也就避免了光杆偏磨现象的发生。

找准问题的原因，对密封填料盒的调偏位置进行体积放大处理，实现它随偏调偏的功能，光杆发生偏移时，球头就随着光杆偏移方向产生水平位移;光杆偏移多少,球头就水平移动多少,这样让光杆始终处在密封填料盒中心位置,避免了偏磨现象的发生。这种体积放大就属于一种变形,是变形法的灵活运用(图3-43)。

该项成果经过现场应用,水平调偏最大达到15mm,转角调偏最大达7mm,极大地满足了抽油井密封填料盒调偏的需求。这项成果在全国能源化学地质系统优秀职工创新成果评比中获得一等奖,目前在大庆油田全面推广使用。

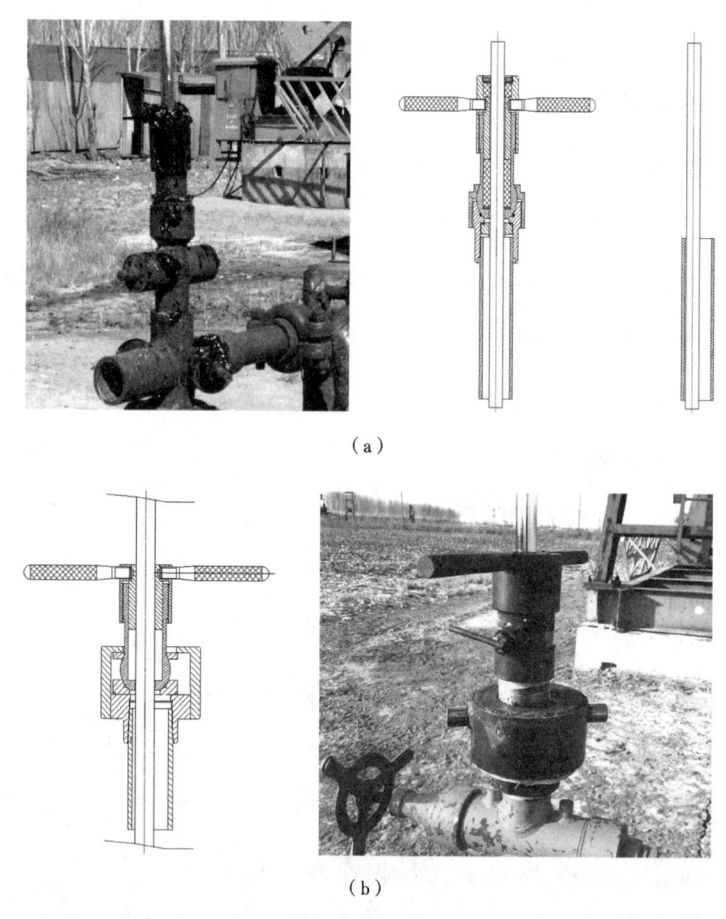

(a)

(b)

图3-43 极限调偏密封填料盒原理示意图

2. 快速卡箍片的研制

(1) 问题引出：累人的卡箍片。

油井液面测试是采油行业中的一项重要工作，通过测试数据，可掌握油井井下生产状况，了解油井的产油能力，及时调整油井的生产方案。然而，在测试过程中，需要把测试枪连接在套管阀门上，用卡箍进行连接。这是一项比较麻烦的工作，操作过程中需要将卡箍螺栓拧紧，确保连接部位无渗漏，以满足测试要求；测试完毕，还要将卡箍拆卸下来，安装到下一口油井。每天测试工作量20~30口井，仪器安装、测试、拆下一整套程序也要重复相同的次数，测试工作量非常大。如何在做好测试工作的同时还减轻工人的工作量呢？

(2) 解决方案。

如果把卡箍的螺栓去掉，换一种方式去紧固测试仪器，是否能节约时间、提高效率呢？为此，将对连接卡箍进行了重新设计，把卡箍片一端的螺栓去掉，并制作成类似合页的构造（可进行翻转、折叠），另一端也进行变形成凸轮反转机构，并配有卡扣，方便卡箍的紧固。现场试验发现新型卡箍相较于传统卡箍拆装效率提高了上百倍（图3-44）。现在油井液面测试用快速卡箍片两秒钟就能将测试

  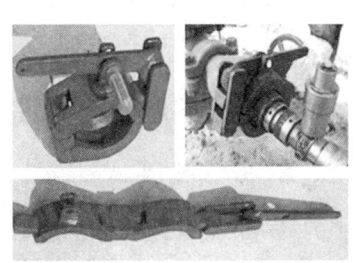

(a) 卡箍变形前操作　　　　　　　　　　(b) 卡箍变形后操作

图3-44　快速卡箍片的研制

仪器安装完毕并达到安全要求,大大提高测试的效率,降低了劳动的强度。目前该项成果在大庆油田全面推广使用。

四、引发思考

变形法并不是简简单单的改变外形,而是通过改变原有物体形体、内在原理达到新的使用要求。无法达到理想状态,通过变形调整系统的状态,最终达到减少材料消耗、改变运动状态,提高其理想度。变形法的宗旨是通过"变"让原系统的问题得到解决,它当然也不能随心所欲的变,要遵循着利用本体、改变本体的原则,其功能本质没有发生变化,而是使系统资源达到最优状态。

第六节 迂回法

迂回法

一、概念

迂回法是战术上的一种叫法,现在解决生活和生产中难题也普遍使用。技术革新中,它是指当某一难题长时间无法解决时,可以调整解决问题的方向和思路,也就是绕过出现问题从另外的方向或角度来解决问题,从而使问题迎刃而解。

1. 上面问题下面解决

东北地区过去住的房屋大多是"干打垒",屋顶容易漏水,每年开春都要往房顶运泥土进行修补,泥土桶从地面运到房顶是个难题。采用迂回法中的上面问题下面解决换个角度分析,利用吊杆技术就可以实现人在地面就能将泥土桶的上提、下放和转动的运输(图3-45)。

图 3-45　泥土桶运送

2. 左面问题右面解决

这种迂回法就是声东击西战术。例如，在足球比赛中，足球运动员射门经常采用虚晃一枪的方法，看似把球踢向守门员，实则是将球射向球门的另一端，实现左面问题右面解决（图 3-46）。

图 3-46　声东击西射门

二、生活案例

1. 巧妙的炸掉敌人的碉堡

（1）问题引出。

战争片中常有这样的场景：战士攻击敌人的碉堡，但有时碉堡正面的火力太猛，很难冲上去。随着时间的流逝，被敌人碉堡火力射伤的战士不断增加。为了攻占高地，夺取胜利，保证必须捣毁碉堡。

（2）解决方案。

为了解决碉堡的火力，战地指挥员选派突击队，悄悄迂回到敌人碉堡的后面，从火力薄弱的地方把碉堡炸掉，从而减少了战士的伤亡。这种方法就是战斗中的一种迂回战术（图3-47）。

（a）正面攻击　　　　　　　　　　　（b）侧面攻击

图3-47　迂回作战

2. 司马光砸缸的故事

（1）问题引出：怎样救人。

司马光七岁那年有过这样的经历：一天，一群小朋友在大水缸上玩耍，突然，一个小朋友不小心掉进了大水缸。其他的小朋友顿时傻了眼，看着掉进水缸里的小朋友拼命呼救，吓得跟着慌乱地喊叫起来："救命！救命！"。可是一时半会儿哪里有人能及时赶过来。

（2）解决方案。

在现场的司马光也想救出那个落水的小朋友，但是自己个子小、力气也不够，从水缸上面捞起小朋友根本做不到。怎么办？忽然，司马光急中生智，立马搬起一块大石头向大水缸下面砸去。水缸砸破了,水也放出来了,缸中的小孩也得救了(图3-48)。司马光砸缸的故事就是采用了迂回法。缸高、人矮、力气小,从大水缸的上面解救小朋友没有可能,但是他把思路迂回到水缸的下面,就想到了合适的方法,解救了小朋友。

图3-48　司马光砸缸

三、生产案例

1. 新型配水装置的研制

(1)问题引出:洗井费事的高压配水装置。

注水井经过长期生产,由于管线锈蚀和污水水质不达标等因素会造成井下杂质较多,容易堵塞水嘴和地层。为了避免堵塞,通常采取的洗井方法是将井下杂质清洗出来,保证正常注水。洗井时,洗井液需要经过高压配水装置,才能注入井底,由于高压配水装置型号不同使用水表也不同。洗井时,配注较低的水表,在大排量的反冲洗水的冲击下容易损坏。为了防止冲坏水表,在洗井前需要关井先取出水表,洗完井后再关井放入水表,之后才能恢复流程。这样洗井既费事,又费力。怎样才能在不取出水表的情况下完成洗井工作呢?

(2)解决方案。

如果洗井时,洗井液不流经水表,水表不就能避免被冲坏了吗?

按照这个思路，在水表下面设计接了一条洗井管线，直接连接到水表的出口位置，洗井时洗井水液绕开水表，既完成了洗井工作，又避免了反复开关井取放水表，节省了工作量，提高了工作效率（图3-49）。

在这个案例中，没有去解决水表容易冲坏的问题，而是把水表让开，迂回到水表后侧进行洗井，绕开矛盾主体。新型配水装置在大庆油田全面推广应用后，降低了岗位工人的劳动强度，提高了工作效率，取得了很好的效果。

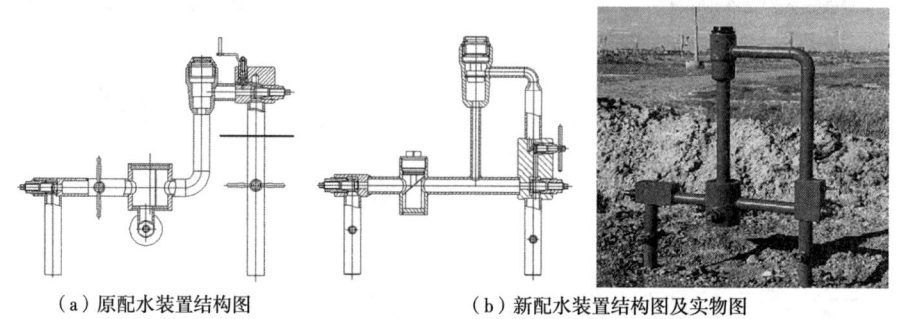

（a）原配水装置结构图　　　（b）新配水装置结构图及实物图

图3-49　新型配水装置的研制

2. 免攀爬测试防喷管的研制

（1）问题引出：高空测试操作带来的危险

在大庆油田众多的工种中有这样一个工种：采油测试工。主要工作任务是每天测试并按照配注方案调整注水层段水量。测试工作需要在注水井井口之上3米多高的防喷管操作平台上完成。工作时，测试人员须将80多斤的测试仪器举过头顶放入防喷管内。由于测试仪器质量大、重心高，极易发生测试人员站不稳坠落事故，存在极大的安全隐患。

（2）解决方案。

是否可以改进防喷管提高这项工作的安全性呢？但不管怎样改进防喷管，都难以解决高空作业的危险。如果不用实施高处作业而能在地面操作，问题不就迎刃而解了吗？

迂回法调整思路：仪器不从顶部而是从底部放入，那么只要让管转动就可实现顶部和底部的位置交换，在地面操作既简单又安全。经过无数次调整和改进，最终研制出新型免攀爬测试防喷管，成功解决了测试需要攀爬的问题，达到了既简单又安全的目的（图3-50）。

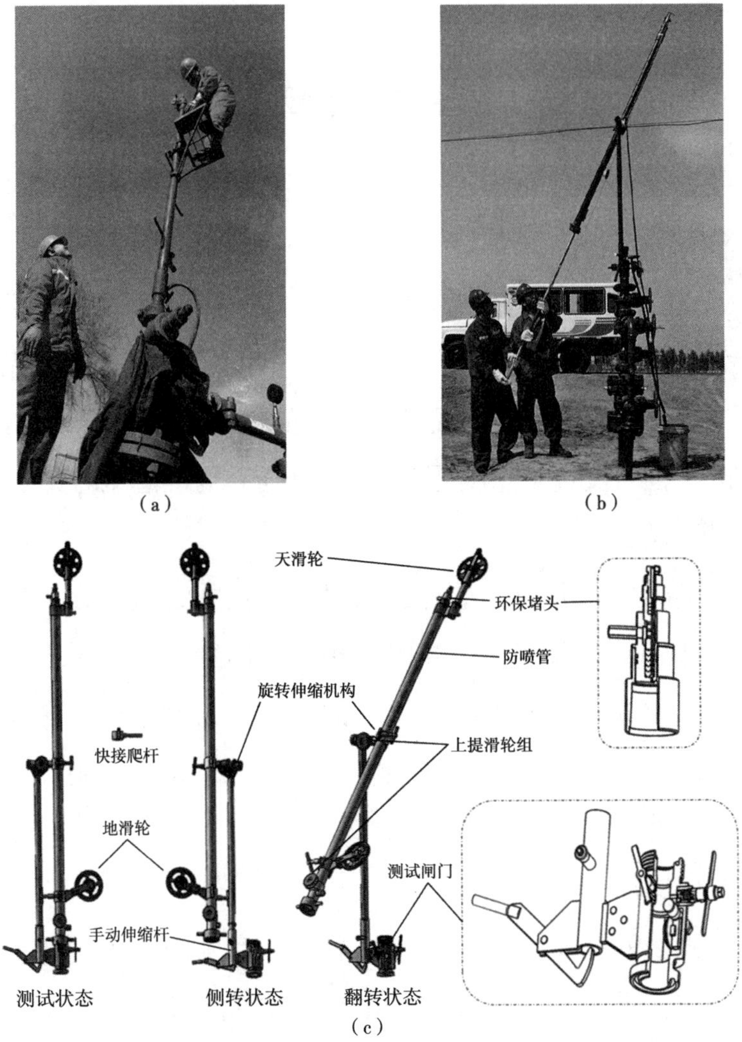

图3-50 免攀爬测试防喷管的研制

四、引发思考

迂回法的本意是回旋、环绕，它可以说是解决生产难题8种方法中最巧妙的形式。面对难题，人们往往采取迎难而上的方法，很多难题都能够迎刃而解；但是对某些长期解决不了的难题，需要采取迂回的策略，绕开矛盾的主要方向，另辟蹊径形成解决难题的最佳方案。

第七节 逆反法

逆反法

一、概念

逆反法是在发明创造过程中，针对确定的问题和目标，采取逆向思维的方法。明确新思路，提出新解法或新设想，以实现发明创造的创新技法。所谓逆向思维，通俗地讲就是"反过来想问题"，是一种逆常规的思维方式。

1. 工具逆反

在工具的使用方向上进行逆向思考。例如，过去人工制作布鞋需要纳鞋底，锥子只能正向扎眼使用，来回穿线需要手工操作非常麻烦。为了改变这种笨拙的纳鞋底的方式，人们开始思考能不能让锥子在扎眼的同时，回抽时也能将线带回。于是，扎眼穿线双功能锥子应运而生（图3-51）。

2. 原理逆反

针对机械的基本原理进行逆向思考，产生新的创意，形成新的成果。例如，手电钻逐步实现了正转和反转，同时具备了拧螺钉和卸螺钉两个功能（图3-52）。

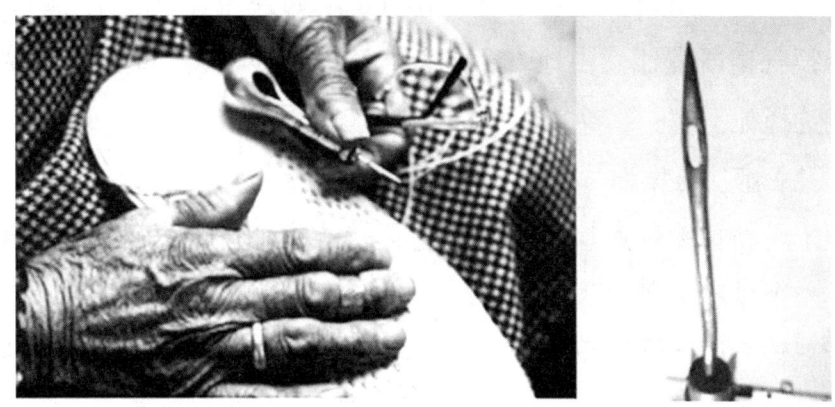

图 3-51 双功能锥子

图 3-52 手电钻正反转功能

二、生活案例

1. 能够正转和反转的家用换气扇

（1）问题引出。

换气扇在工矿企业比较常见，一般都是单向。但不同时期可能

75

有不同需求，有时候想让它往外排气，有时还想让它往里吸气，买两个换气扇既费钱又占地方，是否能让一台换气扇同时具有这两种功能选择呢？

（2）解决方案。

于是新型换气扇应运而生，它正转能往外排气，反转能往里吸气，一个风扇实现了两个功能，满足了实际的需要（图3-53）。这种既能正转又能反转的原理称之为"正反法"，也就是正用和反用两个功能。

图3-53 能够正转和反转的换气扇

2. 军锅的妙用

（1）问题引出。

第一次世界大战期间，战场伤亡严重。经过调查发现，伤亡的士兵大多都是头部中弹或被砖瓦石块砸伤。

（2）解决方案。

一个法国士兵冲锋在枪林弹雨中时，突然发现旁边有一口锅，为了更好地保护自己，他把这口锅顶到了头顶上继续战斗。战斗结束后，很多战友都牺牲了，他却毫发无伤，指挥官问："你怎么没受伤?"他说道:"报告指挥官,我把一口锅顶在头上,所以没有受伤。"这给指挥官一个重要的指示:如果打仗的时候给每个战士们发一口锅,战士们顶着锅向前冲锋,受伤的概率一定会大大降低;同时在休息的时候,这个锅还可以用来做饭用(图3-54)。钢盔就是这样发明出来了,正用是饭锅,反用是钢盔。

图3-54 军锅的妙用

三、生产案例

1. 巧取注聚泵密封填料

(1)问题引出。

油田开发后期,为提高原油采收率会将注水驱油改为注聚合物驱油。注聚合物驱油就通过注入井向油层中注入聚合物,将更多的石油驱替出来,从而增加产量,提高采收率。注聚合物用的注聚泵是一种柱塞泵,柱塞泵最容易磨损就是密封填料,所以更换密封填料是家常便饭的事。但是,取密封填料并不容易,非常费力。因为运行过程中,密封填料被压得非常紧,所以取密封填料时,即便用起子、钩子等工具,也非常费力的才能把密封填料钩出来。一般需要用一个多小时才能将一个密封填料全部取出,工作效率非常低。能不能用一个简单的方法把更换密封填料变得简单易行呢?

（2）解决方案。

经过长期的观察和调整，制作出了一个密封填料取出、填加工具，取出时，将泵顶端的泵盖卸下来，用推力杆将密封填料一次性全部推出；在填加时，将需要更换的密封填料套在推力杆的前端直接拉入密封填料盒。这个工具一推一拉，简单地实现了密封填料的加取功能，更换密封填料的过程是个逆反的过程（图3-55）。该项工具发明之后，在所有的注聚站推广应用，效果明显。

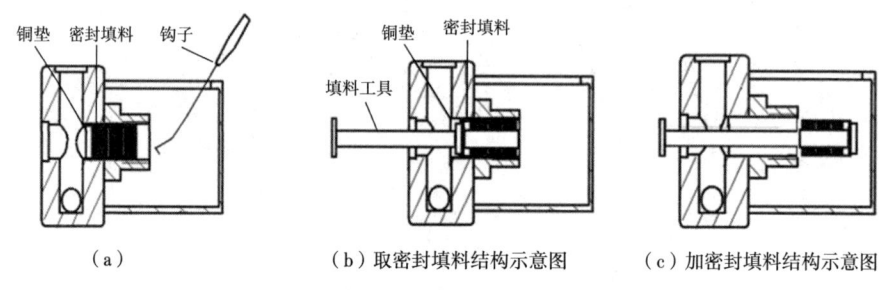

图3-55 巧取注聚泵密封填料

2. 更换费力的环形降压套

（1）问题引出。

注聚合物井生产中是通过环形降压套来控制各层的注入量。要保证各层达到规定的注入量，需要经常调整和更换井下降压套，但调整和更换过程非常费时费力。主要原因是这项工作程序较为繁杂，首先需要停井、泄压、拆卸进口流程丝堵，再下入专用打捞工具——打捞锚打捞（一次只能捞出一个，三个层段的环形降压套就需要进行三次打捞作业）。打捞上来的环形降压套调整和更换后，还需重新下入井下，用定锤把环形降压套打紧、打实，这个过程也同样需要逐一完成。能不能做一种打捞锚能将三个层段的环形降压套一次性卸松并全部捞出呢？

（2）解决方案。

如果研制出新的打捞锚革新成果，可以把工作效率提高三倍以上，而且这种打捞锚还可以反过来当锭锤使用，也就是正着能当打捞锚使用，反着能当锭锤使用。基于这个想法设计了一个环形降压套拔锭器（图3-56），现场应用效果很好，工作效率提高了15倍以上。

四、引发思考

逆反法就是反其道而思之，反其道而行之，用与原来相反的动作、方式、思维等解决原来无法解决的问题。通过在空间上的翻转或调整（可以是上下翻转、左右翻转、前后翻转、内外翻转），或是在时间上的顺序颠倒（颠倒先后顺序等），在逻辑关系上将原因和结果反过来。

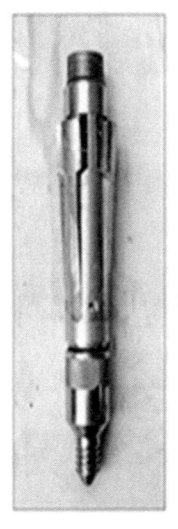
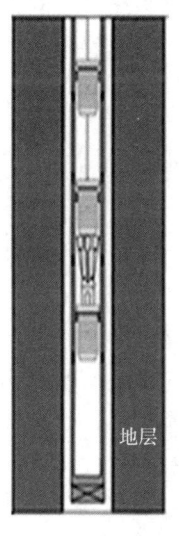
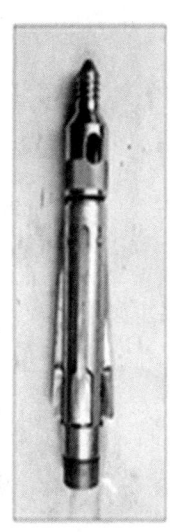
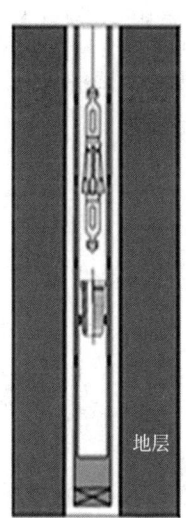

（a）正向　　　　　　　　　（b）反向

图3-56　环形降压套拔锭器

第八节 仿生法

一、概念

仿生法

仿生法是根据生物界生物的外形和内在原理创造出新事物的一种方法。几十亿年前，生物就在地球上出现，而人类有意识地向它们学习却是20世纪中叶才开始的，在与生物接触的过程中，人们通过细心地观察，从它们身上得到启发而找到解决问题的方法，这种有意识模仿生物的方法叫仿生法。

1. 仿生物形态

仿造生物各种形态以及发出的声音的方法。例如，人类为了吸引青蛙，制作模仿青蛙的叫声的发声器（图3-57）。当发声器工作时，青蛙向发声器的地方聚集，达到吸引的目的。

呱呱呱
快来啊！

发声器

图3-57 仿生物发声器

2. 仿生物原理

仿照生物的结构、原理来创新。苍蝇是令人讨厌的四害之一，但科学家却可以仿照它的结构原理，研制出新型导航仪、振动陀螺仪等设备。例如，苍蝇的复眼包含4000多个可独立成像的单眼（图3-58），能看清360度范围内的物体，利用这一特点，人们研制出由1329块小透镜组成的、一次可拍1329张高分辨率照片的蝇眼照相机（图3-59），在军事、医学、航空航天等领域被广泛应用。

图3-58　苍蝇复眼

图3-59　仿生物照相机

二、生活案例

1. 田地里的稻草人

（1）问题引出：烦人的小鸟。

秋天果实成熟是一件让人高兴的事情，但是也有烦恼伴随：没等收割时，就会有小鸟成群结队地来啄食，需要不停地到农田里去驱逐。时间久了，农民发现小鸟很怕人，当有人看守时，鸟儿一般都不敢靠近，但人一走，小鸟就会飞回来。人也不能一直留下来看守啊！如何能实现人不在，鸟也不敢来呢？

（2）解决方案。

为了保证秋收的果实不再被鸟儿吃掉，人们用稻草扎成人的形状，再给稻草人穿上衣服，在风的吹动下更为逼真，似乎一个真人在田地里晃动，小鸟便不敢靠近了。用稻草人驱鸟，就是仿照人的外形起到轰鸟作用（图3-60）。

图3-60　田地里的稻草人

2. 排雷机器人

（1）问题引出。

现代战争中，敌对双方往往会在战场布置很多地雷来阻碍对方的进攻，战争结束后，没有爆炸的地雷就会遗留在原处。和平时期，这些地雷就会威胁平民的生命安全,需要把它们排除掉。传统排雷都是采用人工方式,但人工排雷不但效率低,而且对于参加排雷的人员还有很大的危险性。有没有更好的方法既不使用人工,又可以排除地雷呢?

(2)解决方案。

仿造人的肢体功能制造排雷机器人,用它代替人进行排雷作业,极大地减少了人员伤亡,而且提高了排雷速度(图3-61)。

(a)

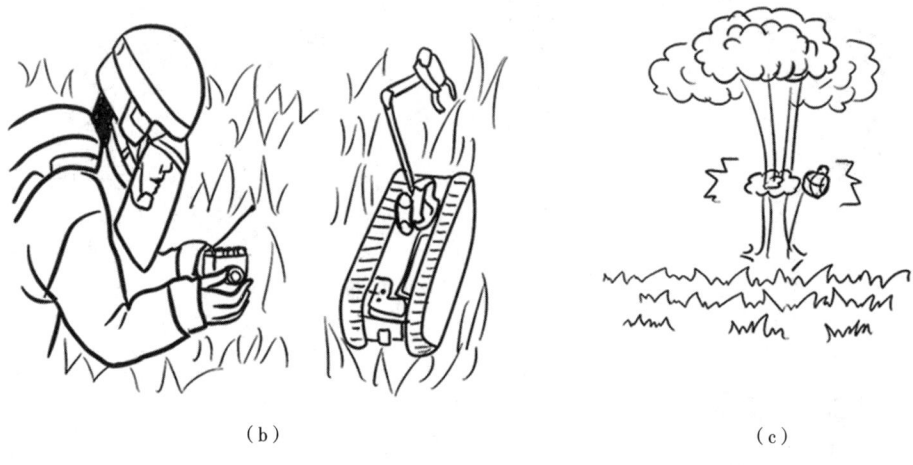

(b) (c)

图3-61 排雷的发展史

三、生产案例：大鹏鸟驱鸟器的研制

（1）问题引出。

在高压输电线上经常会有小鸟在上面停留、休憩，有的小鸟还会在高压输电塔上做窝，这些都容易引起输电线路短路，引发电力事故。

（2）解决方案。

针对这种情况，常规的方法是在输电塔或线杆上安装驱鸟器，但长期使用后会被小鸟逐渐熟悉，时间长了就不害怕了，电力故障继续发生。

怎样能让这些小鸟从根本上害怕起来？在自然界中，老鹰是鸟的天敌，小鸟非常害怕老鹰。为什么不按老鹰的外形做一个驱鸟器呢？按照这个思路设计了大鹏鸟驱鸟器，它不仅具备老鹰的外形，而且还能扇动翅膀、发出叫声。小鸟见到它，老远就跑掉了（图3-62）。

图3-62　大鹏鸟驱鸟器

四、引发思考

仿生法是模仿生物的特殊本领来解决生产实践中出现的问题。

应用时要了解生物的结构、特质、功能、能量转换、信息控制等方面的各种优异的特征，为解决生产难题开辟另一种渠道。在实际应用中，不能像仿生学要求的那样对生物的各种特质及功能进行细致的研究，但可以借鉴成熟的仿生学应用案例。

仿生法是基于仿生学而总结出的一种革新方法，而仿生学是科学家通过对大自然和动物界里发生的许多奇迹，进行仔细观察建立起的一门新兴的学科，仿生学是集动物学、物理学、化学、心理学和工程技术相结合的一门独立的边缘科学，通过模拟动物的功能，以改进现有的和创立崭新的机械、建筑结构和新材料、新仪器和工艺研究，创造出许多适用于生产、学习和人们生活的先进技术。仿生法的应用案例很多，用于军事、航空航天领域较多，例如：现代飞机的垂直起降，空中定悬后掉头等诸多方面功能的实现，就是深受飞鸟和蚊虫的启发；船和潜艇来自人们对鱼类和海豚的模仿；生物学家通过对蛛丝的研究制造出高级丝线、抗撕断裂降落伞与临时吊桥用的高强度缆索。

第四章

确保成果质量的三项保障措施

"283技术革新工作法"中的"3"是确保成果质量的三项保障措施：研发前的方案优选、试制中的保障措施以及应用的改进完善。实施这三项保障措施，可保持成果技术的先进性、前沿性和可操作性。

第一节　研发前的方案优选

方案优选是针对问题，应用利弊分析法从若干设计方案中选出最佳方案。由于设计方案的经济效果不仅取决于技术条件，而且还受不同地区自然条件和社会条件的影响，因此对设计方案选择时，要综合考虑各方面因素进行全方位分析与对比，结合现实条件，选择功能完善、技术先进、经济合理的设计方案。

一、生活案例

1. 带酸味的土豆丝

（1）问题引出。

小王的妻子突然想吃曾经旅游时在某家饭店吃过的酸味的土豆丝。小王赶紧给她炒了一盘，可是妻子吃两口就不吃了，说不是她想要的那个味道。这个可难坏了小王，也不能这个时候出去旅游，就为了一个土豆丝呀？

（2）解决方案。

其实要做带酸味的土豆丝方法有很多种：醋、青西红柿、酸菜、酸黄瓜……只要带酸味的食物都可以解决问题（图4-1）。方案有很多种，哪一种最适合呢？在这个案例里，小王妻子的喜好是关键的因素，他依此做选择，最终找到合适的方案。

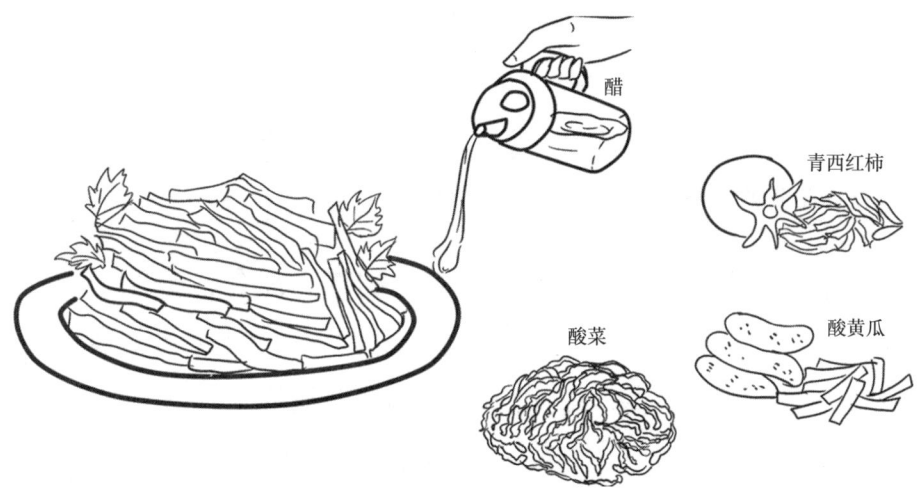

图4-1 酸味土豆丝的制作

2. 容易变形的纸杯

（1）问题引出。

日常生活中，一次性纸杯使用较为广泛。纸杯使用过程中有个普遍的问题，就是比较软，容易变形，特别是在盛放热水后，还会烫手，一不小心很容易将纸杯中的水洒出来。如何解决这个问题？

（2）解决方案。

一个简易的托架就能解决这个问题。但托架的材质不同，成本也会有所区别，或选择日用的简易塑料架，或商务接待用高档的玻璃架，需求不同，选择也有差异。（图4-2）。

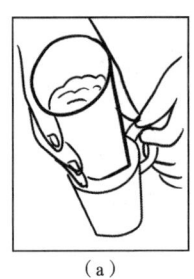  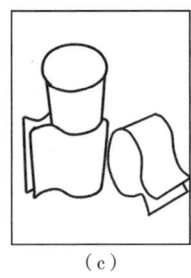 

(a)　　　　　(b)　　　　　(c)　　　　　(d)

图 4-2　纸杯托架

二、生产案例

1. 抽油机曲柄开口胀开器的选择

（1）问题引出。

抽油机长期运行中，箱体内的各运转部件都会出现磨损、变形等现象，需要定期对减速箱拆卸，进行维修保养工作。维修保养时，首先需要将抽油机减速箱输出轴上的两个曲柄拆掉，这个拆卸工作比较困难，常用的方法是用斜铁放入曲柄的开口处，用大锤击打斜铁将曲柄开口胀开后，再将曲柄卸下。这种方法尽管简单、便捷、高效，但是存在操作上的安全隐患，在击打斜铁时容易出现将斜铁被击飞的现象，飞出的斜铁非常危险（图 4-3）。

（2）解决方案。

为解决问题，在十六种方案中优化出三种方案对比。第一种方案是利用斜铁原理做一个曲柄开口胀开器；第二种方案是利用扁千斤顶将曲柄口胀开；第三种方案是根据机械千斤顶原理设计一种开口胀开器。对比操作方便、安全、制作成本低等各种因素，确定选择第三种方案。研制的曲柄开口胀开器经过现场应用达到预期效果，在工具一端施加一百千克力，能在开口部位产生三十吨胀力，轻松地将曲柄开口胀开，而且安全稳定。

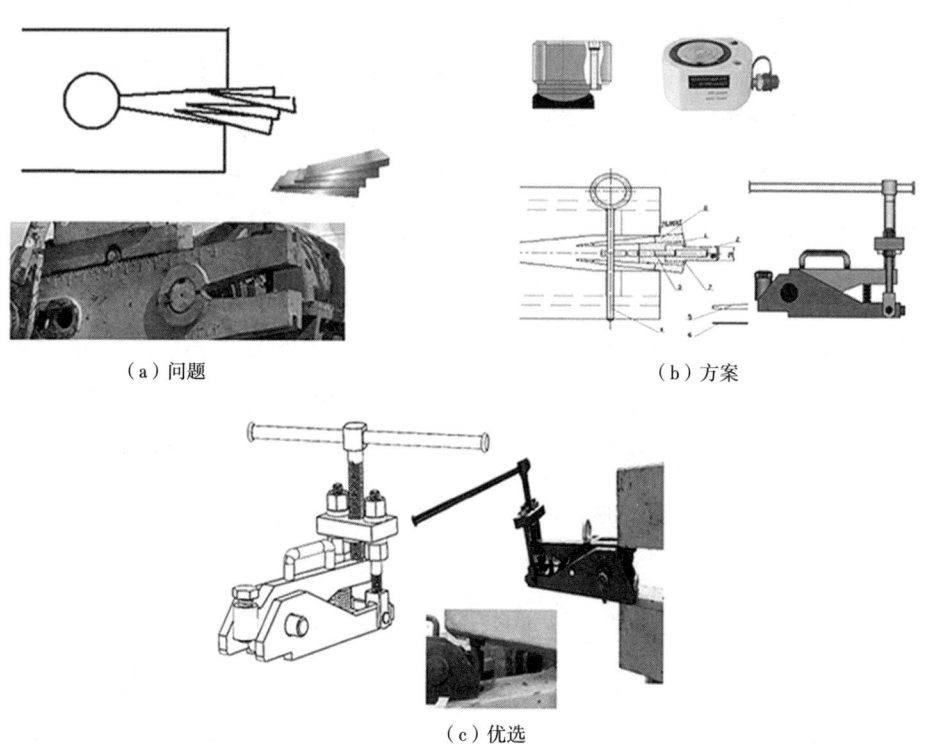

（a）问题　　　　　　　　　　（b）方案

（c）优选

图4-3　抽油机曲柄开口胀开器

2. 抽油机井四点一线测试方法的选择

（1）问题引出。

抽油机井更换皮带时，要进行"四点一线"的调整，保证减速箱皮带轮与电动机皮带轮在同一个平面上，这样才能确保皮带可靠运行，减少磨损。为保证"四点一线"常使用拉线的方法进行检验，需要两名操作员工配合，一个人站在减速箱上，另一个人站在地面上，同时拉住一根线绳靠在两皮带轮外沿，观察线绳与两皮带轮的间隙。这种测量方式，费时费力，操作人员站在抽油机上还存有一定风险。用什么方法测量抽油机"四点一线"能够简单、安全、高效呢？

（2）解决方案。

针对这个问题设计了三种方案（图4-4）：第一种方案是做一个长木尺，用木尺靠在两皮带轮的侧面去观察"四点一线"状况；第二种方案是准备一根长线绳，在线绳的一端系上磁铁，将磁铁吸附在大皮带轮外边缘，另一端用人拽着线绳靠在小皮带轮的外边缘，观察"四点一线"状况；第三种方案是利用激光笔的光柱呈一条直线并可在物体上留有痕迹，用来测量抽油机"四点一线"，由此设计了由激光笔、激光发射架、透光板、反射板四部件组成的激光校正仪。

三种方案综合比对发现，第三种方案由一个人即可完成操作，同时测量精准，因此优选第三种方案。

激光校正仪使用时，将透光板、反射板用磁铁吸附在大皮带轮上，激光发射器吸附在小皮带轮上，将激光投射在透光板和反射板上，即可观察"四点一线"状况，还可读取偏差数值，操作过程安全、高效（图4-4）。

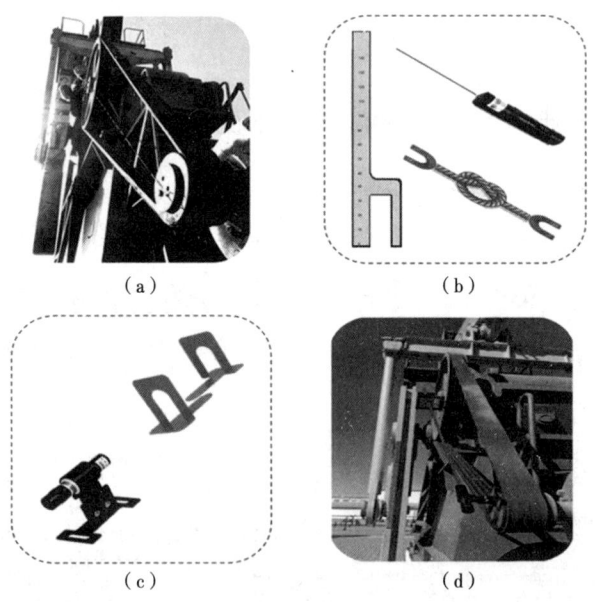

图4-4　抽油机井四点一线校正

第二节 试制中的保障措施

技术革新要通过试制才能将解决问题和设想转化为成果和实践。试制中的保障措施主要分三个部分：优化方案完善图纸、筹集必要的经费、选择专业的生产厂家。

试制中的保障措施

（1）优化方案、完善图纸：规范的设计图纸至关重要，要确保设计图纸原理的安全性、正确性、可加工性等。

（2）筹集必要的经费：可以通过多种渠道得到资金支持，例如企业支持、个人筹措、寻找合伙人等，要根据需要和个人能力来选择最适合资金渠道。

（3）选择专业的生产厂家：专业的生产厂家才能确保设计成品的加工质量，例如阀门应该找专业的阀门厂生产，专业仪器要找对应的仪器厂家生产。

一、生活案例

1. 厨房用具架的诞生

（1）问题引出：难找的厨房用具。

有一家生产菜刀、砍刀、钢勺、铁铲等厨房用具的企业，经营不温不火。有一名在这家企业干了很多年的技工，他喜欢炒菜做饭，每次在做菜时，总觉得用具摆放散乱，经常有找不到的麻烦。

（2）解决方案。

能否做个用具架，把所有的厨房用具放进去，既美观又方便。在当时很多大型商场已经出现了套装刀具，刀架非常美观。技工在想：能不能将厂里生产的厨房用具也配上架子进行包装销售呢？他的想法得到了老板的大力支持，给他配了两名助手，还拨付了一定资金。很快设计出了多种图样，加工生产中他们与专业生产厂家合作，最终生产出了高品质的厨房用具架，投放市场后，销量大增，厂家效益大增，技工也因此获得奖励（图4-5）。

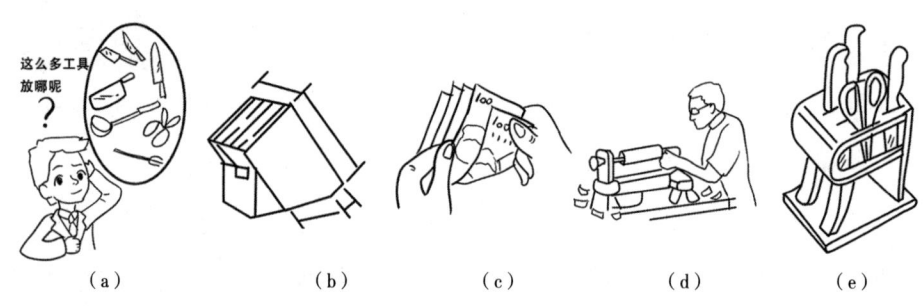

图4-5 厨房用具架的制作过程

2. 简易鞋架的研制

（1）问题引出：满地凌乱的鞋。

小王是单位的电焊工，经常有人找他帮忙。一次同事跟小王说："我家里人多，每天回家鞋子堆放在门口，一进门就是十多双鞋子，非常的凌乱，所以我想做一个鞋架，王哥你能不能帮我焊制一下？"

（2）解决方案。

小王说："要想焊制鞋架，首先要有设计图纸，做什么样的？另外用料还需要购买"。同事回答道："图纸我已经画好了"，小王又拿出了一些购买材料的费用。由于有了设计图纸，有了购买材料的费用，这个鞋架很快就做出来了。鞋架能做得这么快，是因为有设计图、专用资金、焊接的专业人员三方保障，鞋架很快加工完成（图4-6）。

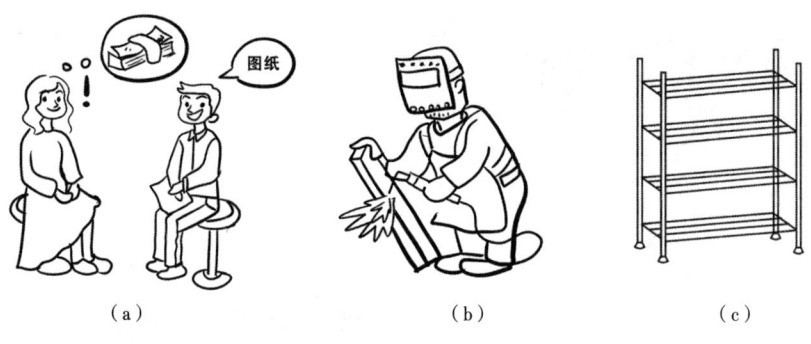

图4-6 简易鞋架的制作过程

二、生产案例

1. 偏心防盗油开关的研制

（1）问题引出。

在油田生产井中有一种井口叫偏心井口，其特殊井的井口结构设计无法安装现有的防盗油开关，因此这部分井经常受到不法分子破坏——在套管放空阀处放油，不仅影响产量，还容易造成严重的环境污染，增加员工工作量。为了解决偏心井放油问题，采取了很多防盗措施，但效果都不理想。

（2）解决方案。

为了解决这部分井的盗油问题，人们设计了多种技术方案，但各有千秋，通过对各个设计方案进行优化整合，得到了最终的设计图纸，也为资金的申请提供了依据；根据产品的材质和加工工艺等要求，很容易便可计算出投资金额，使资金申请的每一个目类都清晰，让研发资金的申请工作进展顺利；有了优化的方案和图纸以及充足的资金保障后，再选择长期合作、信誉好、有加工资质的生产厂家进行产品的试制和加工，产品顺利加工出来（图4-7）。

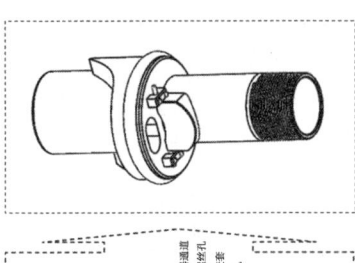
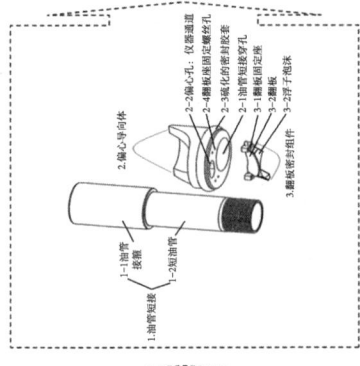
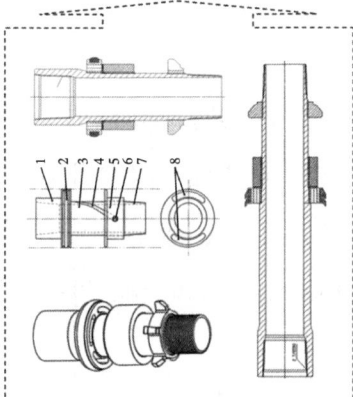

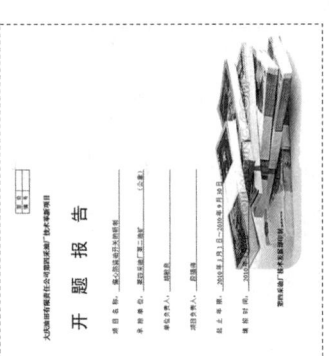

(a) 问题提出　(b) 设计方案完善　(c) 资金来源　(d) 选厂加工：加工实物

图 4-7　偏心防盗油开关的研制

偏心防盗油开关现场应用效果非常好，在有效防止了盗油的同时，也保护了环境、降低了岗位员工的劳动强度。通过这项产品的研制可以看出：一项产品研发过程中，应该广泛听取意见，对各种方案取长补短进行优选、整合，设计完善图纸；资金预算项目要清晰有据以便于获取经费；产品制造厂家要专业、稳定、可靠。只有这样才能保证产品的顺利研制。

2. 测试环保堵头的研制

（1）问题引出。

大庆油田在实现分层注水、分层采油的同时，注水井分层测试工作也应运而生，利用井下测试仪器测量出各注水层段在不同压力下的吸水量，了解油层注水层段的吸水能力，调整配注比例为油田合理开发提供科学依据。但是，在测试过程中关于测试堵头喷水污染环境的问题始终没有很好地解决（图4-8）。测试仪器是连接1000多米长的录井钢丝穿过测试堵头及密封填料才能下入井中，再经过绞车带动录井钢丝上、下运动进行测试。操作过程中，测试堵头的密封填料如果调节过紧，堵头处不喷水，测试仪器就很难下入井里；如果调节过松，喷水量会增大，就需要测试工人攀爬到3米多高的防喷管上，对堵头密封填料松紧度进行调整，操作过程费时费力，还存在滑脱坠落的风险。油田开采初期，注入液都是清水，喷出的水对环境影响不大，但目前注入液中含有聚合物等驱油剂对环境污染严重。大庆油田分别在2015年1月和2014年12月开始实施国家新修订的《中华人民共和国环境保护法》和《中华人民共和国安全生产法》，对待涉及安全环保工作要求更加严格。

图4-8 注水井测试堵头喷水现场

(2)解决方案。

测试堵头喷水是一个公认的污染环境的问题,这个问题可以通过技术革新的方式解决。解决问题的两个方向:一是控制堵头的密封溢流量;二是喷出的污水实现定向收集的问题,而这也是最主要的问题。因此,研制能够定向收集的环保堵头成为解决问题的优选方向。为此,人们设计了溢流管式、可旋管式、侧封式、仪器锁式等各种测试环保堵头的图纸,尽管功能各不相同,都能够达到收集水的目标(图4-9)。这些设计各有优缺点,需要整合设计成一套可行性加工图纸,才能解决实物加工问题。为了给成果的完成提供保障(完善图纸、资金申请、厂家选择),首先成立由设计人员、科技管理人员和专业厂家加工技术人员组成的攻关小组,对多个设计方案的草图进行论证,找出优缺点,同时深入到生产一线与岗位操作人员结合研究、讨论,设计人员进一步分析统一认识,科技管理人员指导和论证以及加工厂家技术人员对加工难易程度的分析,最终形成了可加工性能好、成本低廉、能够满足生产需要的加工设计图纸

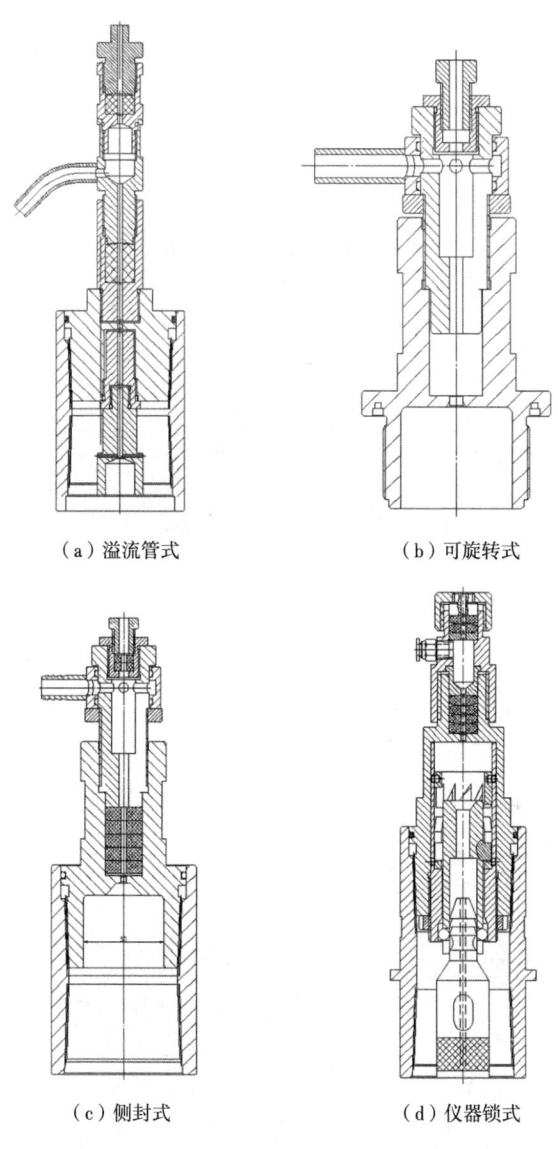

(a)溢流管式　　　　　(b)可旋转式

(c)侧封式　　　　　(d)仪器锁式

图4-9　测试环保堵头设计图纸

（图4-10）。这样提供成果试制中的保障方式，不仅仅使图纸快速统一、优化、完善形成加工图纸，同时在资金和厂家选择上得到相应的保障。成立攻关小组时加入科技管理人员，有利于他们更好地掌握项目的情况，提高立项的成功率及资金到位率；专业加工厂家技术人员的提前介入，能更合理地分析对比方案的可操作性，降低了成果的制作难度，提高了加工性能，保障了加工质量。

图4-10　攻关小组现场讨论

有了这三项措施作保障，测试环保堵头很快加工制作完成，在现场测试中发挥优良的性能，实现喷出液的定向收集（图4-11），有效杜绝了污染环境情况的发生。目前，该项目已在大庆油田注水井分层测试工作中全面推广应用。

图4-11　引流管定向收集

三、引发思考

技术革新中过程控制尤为重要,在偏心防盗油开关和测试环保堵头的研制中,按照优化方案、完善图纸、筹集经费和选择专业的生产厂家这一程序来完成整个革新过程的,优化方案完善图纸是基础、筹集经费是保障、选择专业生产厂家是关键,正因为找到了有资质的加工厂家进行加工,才获得了高质量的成功。

第三节　应用后的改进完善

技术革新成果投入实践后,还需要检验现场长期使用的效果,要定期跟踪并及时发现应用过程中的问题(原理问题、材料问题、产品质量问题、气候变化等一系列的问题),不断提出改进完善意见和方案,使其更加适应生产要求,与时俱进保障产品的技术先进性,逐步达到推广要求,创造更大效益。

技术革新成果的改进完善

一、生活案例

1. 不断改进的老头乐

(1) 问题引出。

过去经常看到老年人爱使用的一样解痒工具——痒痒爬,俗称老头乐。以前的老头乐是用竹子做的,一个长杆,另一端制作成像五个手指头的形状,长杆一伸进去就解痒了。时间久了,有人就想,老头乐还能不能有别的作用呢?

(2) 解决方案。

有人尝试着在老头乐的另一端安装上按摩锤,能敲击各个关节,解决疼痛问题,带按摩功能的老头乐就这样诞生了。经过长时间的使用,老头乐不断改进完善,不仅有敲击作用,五个手指也转变成了刷子。又有的人觉得老头乐太长,不便于存放,于是把它变成了伸缩式,就是用嵌套原理,将多个杆嵌套在一起,像电视机天线一样使用时可拉长,不用时可缩短,达到了存放和便携的目的。通过老头乐的不断改进与创新可以看出,任何东西都需要不断改进、完善、创新,才能不断满足新的需要,变得功能强大,更加实用(图4-12)。

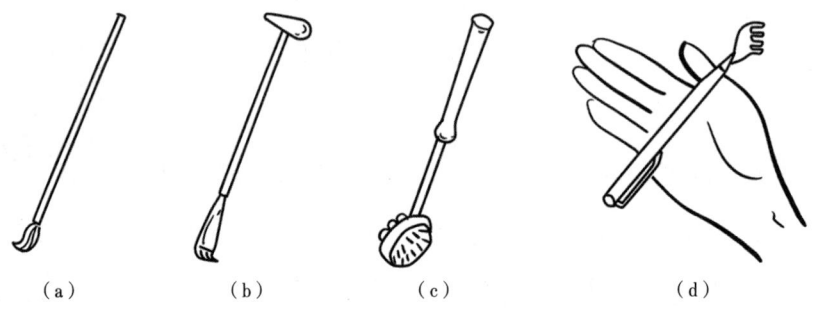

图4-12 老头乐的改进过程

2. 手机的发展

(1)问题引出。

过去使用的通信工具主要是有绳电话,只能在固定位置使用。随着社会的发展和生活需求的增加,固定电话已经不能满足人们使用的需要。

(2)解决方案。

为此有人想:是否可以让电话移动?后来便有了子母机。可是子母机使用时对距离还有一定的限制,不能实现真正的移动,于是便出现了真正的移动电话——手机。最初的手机体积较大,功能单一,只能接打电话。随着需求的逐步提升,手机产品也在不断完善、改进、升级，逐渐发展为智能机。现在的智能手机，不仅能收短信，还具有电子支付功能，可以看电视、上网购物、照相等，功能无比的强大，智能手机已经成为人们生活中不可缺少的一种工具。有绳电话发展到智能手机，就是人们不断地追求极致、不断地增加功能的过程（图4-13）。

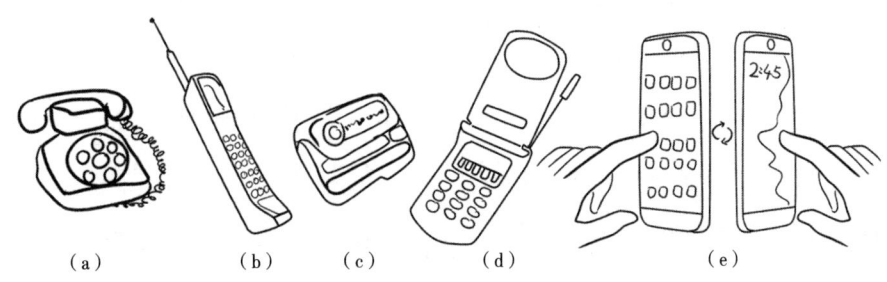

图4-13 电话的发展过程

二、生产案例

1. 套管防盗油开关的持续改进

（1）问题引出。

为了解决套管盗油问题而研制了滑道式套管防盗油开关，现场实际应用中达到了设计要求，并推广一批进行应用。但经过长时间使用发现，由于井下状况比较恶劣，水垢杂质等物质在滑道上沉积，形成小颗粒，滑道在向下运行过程中有卡顿的现象，降低了防盗效果。

（2）解决方案。

为了解决滑道式套管防盗油开关的现场应用问题，又重新设计出滑片式防盗油开关。在油气向上喷出时，滑片套在油管的外壁滑动。与滑道式套管防盗开关相比，滑片式防盗油开关避免了水垢、杂质导致滑道运行过程中卡顿现象。滑片向上滑动开启，开关更灵活，防盗油效果明显优于滑道式套管防盗油开关，大面积推广应用了600套。滑片式防盗油开关在套管气气量大的井使用效果较为理想，但对于没有套管气的井应用效果不好，原因是滑片的运动是依靠井下气体推动的，对于气压低，甚至没有套管气的油井，油流从井下沿套管向上举升无法推动滑片，起不到防盗油目的。如何解决这个问题呢？为了解决这个问题，就在滑片的周围安装了一个浮子套，液体对滑套外面的浮子产生向上的浮力，带动滑片向上运动，无论井下是否有气体，只要液体到达浮子位置，滑片在浮子浮力作用下就会向上运动，实现通道的自动关闭。开关的整个改进过程是持续跟踪、不断改进、不断融入新技术的过程，是为了满足生产需要不断调整的过程（图4-14）。

（a）被盗油井　　（b）滑套式

（c）滑片式　　（d）加浮子套式　　（e）井下防盗应用

图4-14　套管防盗油开关的持续改进过程

2. 测试防喷管的持续改进

（1）问题引出。

注水井测试中，需要测试工人站在三米多高的防喷管作业平台上，将井下测试仪器放入防喷管内，进行井下测试。操作过程中由于受重力和风力的作用，操作人员站不稳，容易从平台上跌落，造成人身伤害。如何解决这个问题呢？通过长期的观察、设计，研制出安全环式测试防喷管。应用到现场中效果很好，但仪器安装时仍然需要操作人员站在专业平台上进行操作。应用一段时间后，有人提出，能否不用站到防喷管平台上，站到地面上就把仪器下入井内呢？

（2）解决方案。

测试时仪器必须从防喷管上端放入，如果操作人员不站到平台上面，就需要将防喷管上端翻转下来，在地面装入仪器后再将防喷管立起。基于这个想法研制出了折叠式防喷管，避免了高空测试作业的安全隐患。最初，折叠式防喷管在现场得到了广泛认可，测试工人们都争相使用。可一段时间后，大家又发现了新的问题：折叠式防喷管虽然回避了放仪器需要登高的问题，但是立管操作环节过于烦琐。将防喷管上端翻转的思路是可行的，但立管操作的环节还需要改进。又经过三年多的努力，免攀爬测试防喷管研制成功，解决了测试登高操作的问题，不但受到测试工人的广泛欢迎，同时也得到安全部门的认证。免攀爬测试防喷管获得了大庆油田重大技术革新特等奖，在大庆油田进行推广和应用。后来，又进行了两次持续改进，研制成功了手摇式防喷管和液压式防喷管。目前免攀爬式、手摇式、液压式防喷管都在生产中进行推广应用，成为物资部门能够采购的设备。

从这个案例可以看出，一项技术需要不断的跟踪、改进和完善，才能更加成熟，更能满足生产需要，创造更大的效益，应用于更广阔的领域（图4–15）。

（a）高空井口测试操作　　（b）安全环式测试防喷管　　（c）折叠式测试防喷管　　（d）免攀爬测试防喷管

图4–15　测试防喷管持续改进过程

第五章

"283"技术革新工作法的实施步骤

"283"技术革新工作法的实施步骤,是对"283"技术革新工作法的每一步怎么实施进行详细解读,岗位员工遵循实际生产案例一步一步开展技术革新,通过找问题、定方案、保措施、善总结四个步骤执行,使技术革新得以实现。

第一节 具体步骤

好的工作方法要有好的实施步骤,如此才能以更好的思维方式解决问题,"283"技术革新工作法也是如此。

第一步:利用"2"找到问题并描述问题,设立实现目标。对问题的认识程度往往决定解决问题的广度和深度。

第二步:利用"8"分析并寻找解决问题的方法和手段,确定解决方案。这里的分析主要是采取创新性思维方式进行。首先要对每一个方法进行具体分析,通过发散思维分析中的用途发散、功能发散、结构发散和因果发散,挖掘更多解决问题的资源,再通过收敛思维对这八种方法的解决资源进行综合分析,根据技术条件对资源进行优化分析、取舍、组合、合并,得到最佳解决方案。这一步是对问题从不同层次、不同角度、不同方向进行探索,以提供新结构、新点子、新思路和新发现的思维过程。

第三步:利用"3"创建方案实施的保障措施。这一步也是解决方案能否得到实施的重要一步。通过技术在实际应用中的持续改进，使其始终处于最优状态，以满足生产的需要。

第四步：总结方案实施过程、效益及实现设定目标情况。通过成果的研制应用总结，以掌握解决问题的程度，总结主要从安全性、新颖性、实用性和效益性四个方面开展，可为进一步规模化推广提供依据。

第二节 生活案例实施步骤——水桶堵漏

一、找问题

用木桶打水时，常因其不结实而发生漏水现象。木桶漏水是直接感受到的问题。木桶仅仅是漏水，损伤应不大，所以首先想到的不是买一个新桶，而是想将木桶修补好再利用。因此，设定将木桶修补好的目标。

二、定方案

在方法清单中检索，初步选择解决木桶漏水的方法是组合法和移植法。基于现有条件，综合分析简易、方便、经济等诸多因素，最终确定用组合法解决该问题。在圆木、抹布、铁皮、塑料、圆钢等组合材料中，根据材料与本体的物源一致性最终优选出木桶与木板的组合方式。

三、保实施

确定组合方式后，在此基础上创造解决问题的条件。

（1）设计、优化出相应的图纸，保证其数据、结构的正确性。

（2）根据设计方案，预算所需资金情况修水桶只需要很少的资金，自筹即可解决。木桶修补工艺简单，工具也仅需要锯子、锤子、木板、胶等用具和材料，自行修补就可以。修补完后，要经常观察修补情况，如再发生漏水，应及时总结修补的经验，改进修补方法，直至达到预期目的。

四、善总结

根据修补水桶漏水问题进行的归纳、总结，评估经济效益的情况：一只木桶市场价162元，折旧56元，修补的各种费用12元，创造经济效益为94元。实现了我们的最初设计目标：不买新桶，将木桶修补好的目标（图5-1）。

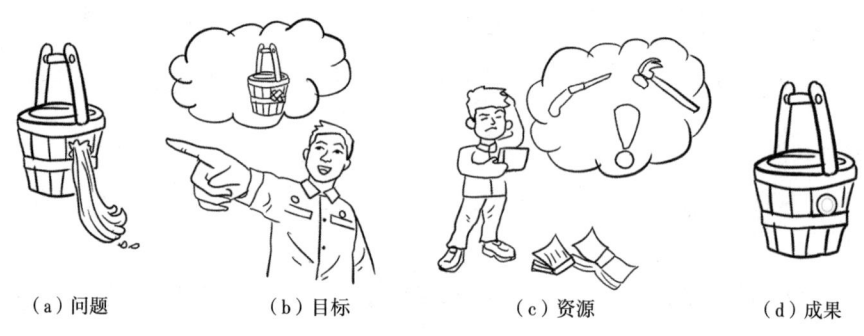

图5-1 水桶堵漏的解题步骤

第三节 生产案例实施步骤——节能密封填料盒研制

一、找问题

同事小张遇到了抽油机密封填料漏油的问题。实地调查发现，这几口井密封填料盒上沾满污油，小张隔几天加一次密封填料，可还是解决不了漏油的问题，而且这个问题在现场还普遍存在，真是棘手。

解决密封填料盒漏油问题的革新点有直接、也有间接的获得。每个人由于岗位限制，并不一定都能在自己工作过程中发现大量问题，所以间接获得革新点是技术革新来源的重要渠道。

问题通过立项，并成立了攻关小组，对抽油机密封填料盒漏油的问题进行攻关。要从根本上解决问题，首先要对采油工行业相关知识有详细地了解。

（1）抽油机密封填料盒的作用：密封填料盒是抽油机井口的重要设备，位于光杆与井下管柱的衔接处，防止井底采出液外喷，是抽油机井生产管理和降低系统效率的关键点（图5-2）。

(a)

(b)

(c)

图5-2　抽油机井密封填料盒漏油情况

（2）生产管理中，有两个问题始终制约着生产管理和节能降耗工作。第一个问题就是密封填料利用率比较低，一般不足10%，其中90%以上都浪费掉了，更换工作量大、时间长，影响产量。第二个问题就是密封填料的松紧度不好掌握，过松容易造成井口跑油、漏油现象，密封填料过紧容易造成抽油机的负荷加大、耗电增加、系统效率降低。在现场试验中，密封填料盒内部压力在100~150千克力时，密封填料盒产生微漏，此时节能效果最好。但是这个压力值的区间控制很难掌握，容易造成抽油机密封填料不是过松就是过紧（图5-3）。

（a）松

（b）紧　　　　　　　　　　（c）测

图5-3　抽油机井密封填料过松或过紧情况

经过分析，需要解决密封填料利用率低和密封填料过松或过紧的问题，定出最终目标是研制抽油机井节能密封填料盒，将这两个问题彻底解决掉。

二、定方案

1.解决密封填料利用低的问题

胶皮密封填料在上压盖的作用下，产生受压膨凸现象，起到密封作用，而膨凸的部分经过抽油杆长期上下往复运动而磨损，密封效果变得越来越差，最终只得将剩余的90%未磨损的部分更换掉。

密封填料密封效果差的主要原因是目前生产使用的是"O"形密封填料，压到一定程度就压不动了，效果变差。如果将"O"形密封填料由一个整体变成碎料密封填料的形式，这个问题就可以解决。解决生产难题的"8"种方法进行分析，发现有4种方法可以综合利用解决该问题（图5-4）。利用变形法、拆分法将原密封填料变成碎料密封填料，再将碎料密封填料与二硫化钼和废旧汽油混合后得到一种新型的密封填料，然后加到密封填料盒中，密封填料的利用率可以提高到100%。

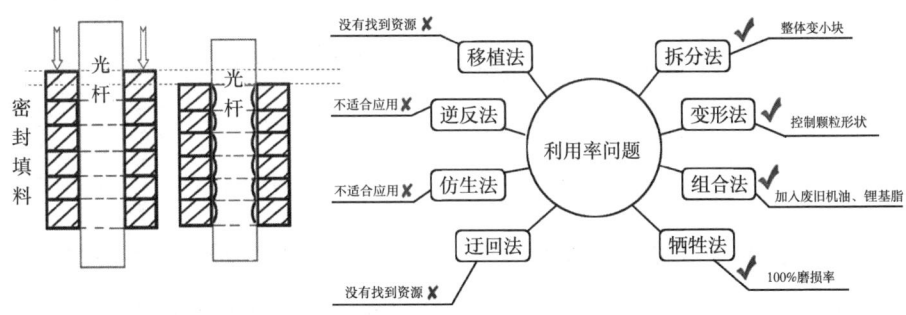

图5-4　密封填料利用率低的问题及解决方案

2.解决密封填料过松或过紧的问题

密封填料盒内部的压力在100~150千克力时，密封填料盒密封效果最好，产生微漏现象耗能最低。紧固密封填料盒压帽时是将螺旋力变为抽油机井上格兰的一个正压力，去掉压帽，在格兰上面压个150千克的重物时的效果就是最佳状态，此时密封填料盒的内部压力在上部重物的作用下，始终保持恒定值。如果想保持一个恒定值，可以用弹簧蓄能推进的原理来实现。用解决生产难题的8种方法进行分析，找到了两种方法能够综合解决问题（图5-5）。密封填料盒的压帽与弹簧进行组合，再通过密封填料盒压帽变形与格兰组合，可以达到最佳效果。为此，选定的最终方案是通过变形将弹簧与密封填料盒压盖组合，产生恒力推进，解决密封填料盒松紧度难以控制问题。

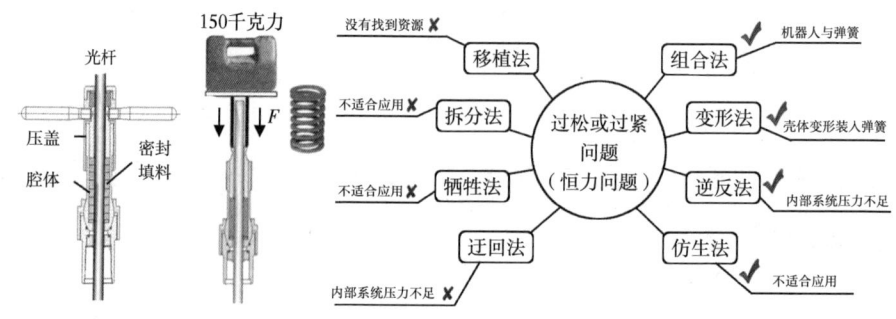

图5-5 密封填料过松或过紧的问题及解决方案

三、保实施

为了解决该问题，综合设计了7套图纸，其中确定优化3套，推广备案2套。多次召开专业会议讨论分析，确保方案的优选和实施工作，最终完善设计图纸1套（图5-6）。

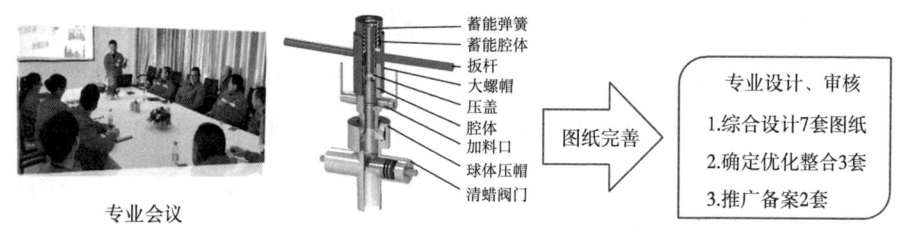

图5-6 创建方案的实施保障措施

厂家选择资质齐全、信誉好并有多年为油田服务经验的老厂家。资金方面经过多次的申请、开题，共得到资金44万元，资金上有充足的保障（图5-7）。

研发初期利用废旧密封填料、废旧皮带，用剪刀将其剪成碎小颗粒，再用二硫化钼和废旧机油进行混合制作成密封填料。逐渐摸索出合理的技术参数，获得满意的效果。经现场应用效果明显，实现密封填料利用率100%，达到了节能降耗、降本增效的目的，平均单井节电1500千瓦时左右，延长了密封填料使用周期，增加产量并且降低了岗位工人的劳动强度（图5-8）。

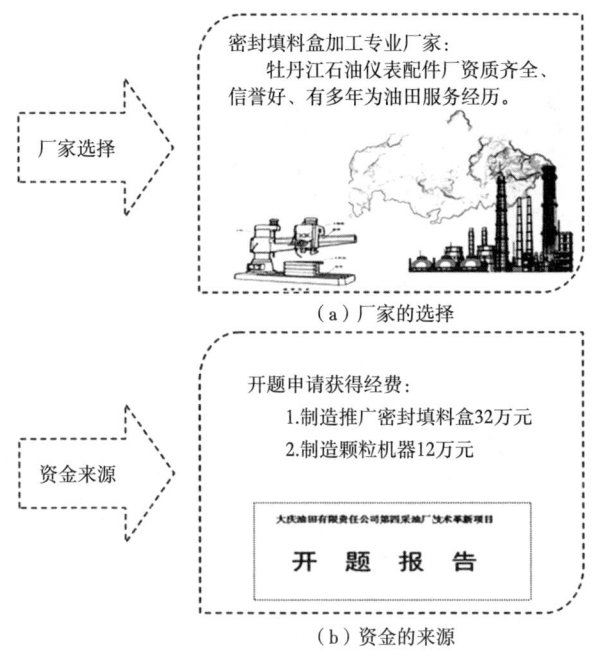

图5-7　厂家的选择及资金来源情况

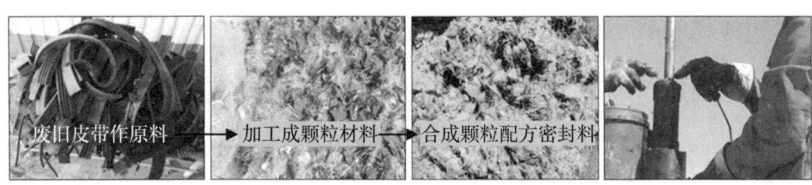

图5-8　密封填料的制作和使用过程

然而在应用中出现了新的问题，一方面对颗粒密封填料的需求日益增长，另一方面制作效率又很低。密封填料颗粒是用剪刀一点一点剪出来的，工作效率非常低，并且剪一口井手就会磨起泡。如何解决这个问题呢？讨论决定用移植法和变形法来解决这个问题。通过移植法，移植一种新的技术，用机器代替人工，再通过变形法让其达到技术参数要求，就可把问题解决（图5-9）。

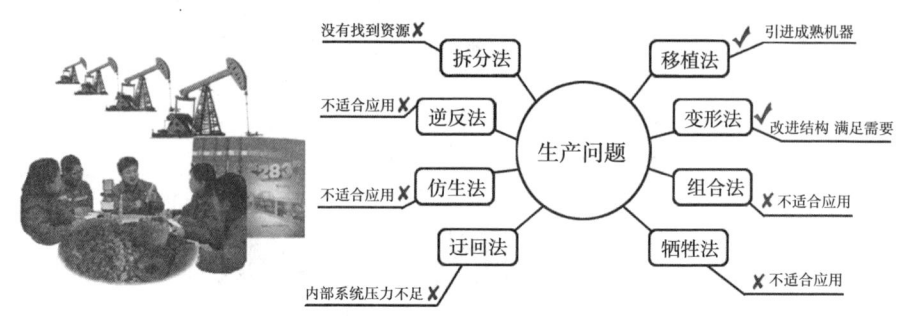

图5-9　找出密封填料的生产问题及解决方案

此外通过互联网寻找符合要求的购置切块机、剥粒机、搅拌机。购置的机器未达到设计使用参数要求，又继续改进后达到要求。制作颗粒密封填料的程序是将收集来的废旧皮带用切块机进行切块，将切下来规格的小块皮带再放入剥粒机进行剥粒，剥出的颗粒和线绳再放入搅拌机掺入二硫化钼和废旧机油，通过搅拌均匀后，合格成品密封料就生产出来了，实现了大规模生产、大规模推广和大规模应用（图5-10）。

同时利用弹簧压力公式得出弹簧的技术参数：线径为10毫米，压力在120~150千克力，活塞推进的距离在20毫米左右，再通过密封填料盒压帽螺纹的旋进作用，将弹簧压缩变形，实现蓄能推进（图5-11）。

图5-10 利用机器设备批量生产密封填料

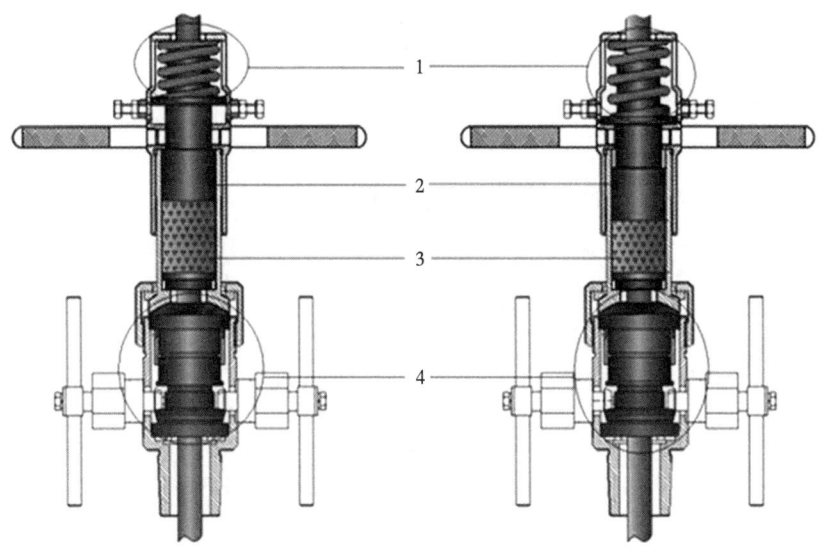

图5-11 利用弹簧组合实现蓄能推进

1—弹簧蓄能腔体；2—格兰推进体；3—密封填料；4—封井器

四、善总结

节能密封填料盒经过现场应用达到了很好的效果,密封填料更换周期提高了16倍,单井节电达到1500千瓦时。经过现场摸索、应用及改进一共研制出3种节能密封填料盒,申请发明专利2项,实用新型专利5项(图5-12)。

节能密封填料盒实现了设定目标并且获得了大庆油田重大技术革新特等奖、全国十家油田创新成果一等奖,得到黑龙江省重点项目扶持资金5万元,成为2018年大庆油田重点推广项目。截至2019年12月底累计创效2653万元,预计每年创造经济效益3000万元以上,推广前景广阔。

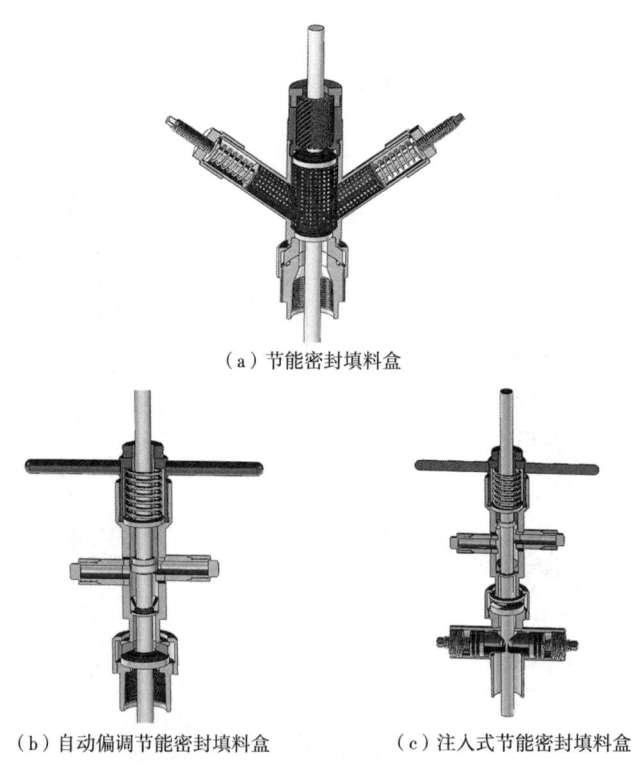

(a)节能密封填料盒

(b)自动偏调节能密封填料盒　　(c)注入式节能密封填料盒

图5-12　节能密封填料盒改进完善过程

第五章 "283"技术革新工作法的实施步骤

第四节　感悟

"283"技术革新工作法，历经8年多的归纳总结已相对成熟，在实际应用中发挥了较大的作用，帮助更多的员工解决生产岗位上存在的各种问题，让大家所做的工作更加安全、环保、高效……但是，它只是创新中的运用分析、解决问题的一项工具，除了要掌握它，还要做到以下两点：

（1）人们常说发现问题是创新的基础，可是怎样发现问题？问题又在哪里？一味地只想创新而不懂生产，又何谈创新？所以想要真正搞好技术创新不仅要有敬业精神、吃苦精神、奉献精神，还要努力做到"三心二意"。

"三心"主要指有爱岗敬业的热心、有解决技术难题的信心、有持之以恒科学攻关不放弃的恒心。在油田科学发展、和谐发展、持续稳产、永续辉煌的征程中，每个人都要立足岗位，提升各方面业务技能和素质，推进落实"三基"工作，践行职责和使命，珍惜企业给予的一切，并感恩于企业，回报企业。技术革新不仅仅关系到个人的荣誉，更关系到企业的发展大计。解决的难题越多，企业的生产就会更加的顺利，经济效益随时也会提高，生活的幸福指数就会越来越高。常言道：态度决定一切。只有对技术革新感兴趣、热爱它、痴迷它，革新灵感才会随之而来。搞革新充满着挑战和难度，也要经受体力、精力和耐力的多重磨砺，但只要坚定信心，再苦再难都无法阻碍革新创效的脚步。

"二意"是指树立两种意识：一是不断学习的意识，在解决生产难题过程中，会感到新工艺、新设备需要学习，要发现问题、解决问题更需要深入学习。不仅要掌握革新成果所需的基础知识，还要掌握其他辅助方面的相关知识，例如机械制图、图像处理等知识，从而提高开展技术革新的能力和效率。二是不断探索的意识，在解决生产难题的过程中，总是不断地对自己提出为什么、怎么做最好、还有什么解决的好方法等一系列问题，使解决问题的思路逐渐变得更宽、方法更多、技术更加先进。

（2）一项好的技术革新成果要体现出它的四个属性：安全性、新颖性、实用性、效益性，可以说缺一不可。

安全性是技术革新的基础，缺少了安全作保障革新就毫无意义，换句话来说革新人必须是行内懂得生产安全的行家里手；技术革新成果必须是技术上先进、与众不同的，要防止重复研发现象的发生，这就需要大家做好革新前的调研工作；每一项技术革新成果必须都要有它的实用性，因为成果的来源是生产中有难题、有问题人们才想到要解决它，制定出解决方案研发出了成果，否则这项成果就没有实用价值；任何一种成果只有产生实际的经济效益，才是技术革新的最终意义！

第六章

"283"技术革新工作法应用案例分享

"283"技术革新工作法应用案例分享中列举6个实际生产案例，是大庆油田岗位员工实际工作中，按"283"技术革新工作法解题全过程；通过案例的解读，展现实际解决问题的全部方法和措施。

第一节　油井套管液满自动关闭器的研制

一、问题的来源和描述

采油井是油田的重要生产设备，它的管理好坏直接影响油田生产和经济效益。然而在一些高产井、扩边井、过渡带井的管理存在难度，主要是一小部分套管盗油较为严重。虽然加强了人为的生产管理，但是有一些井仍然遭受破坏。

能否有办法阻止盗油呢？

最初在套管放空阀门的通道内安装了一个异形堵头，只有使用专用工具才能打开，盗油分子是无法打开的，安装一个多月没再发生盗油现象，但却给测试工作带来了新的问题——测试时需要增加拆卸堵头，增加了测试工作量（图6-1）。对此，有人想出了很多办法解决，例如，在套管放空阀门上安装仪器锁、防盗箱、丝堵等防盗工具，短时间效果都很好，时间长了也相继被盗油分子破解了（图6-2）。经过长期的技术攻关,大家认识到要想有好的防盗效果必须要达到两条要求:一是防盗装置安装在井口上,必须防砸、防破坏;二是在寒冷的冬季使用时,油水通过不能发生冻结现象。在地面安装防盗器不可能实现。

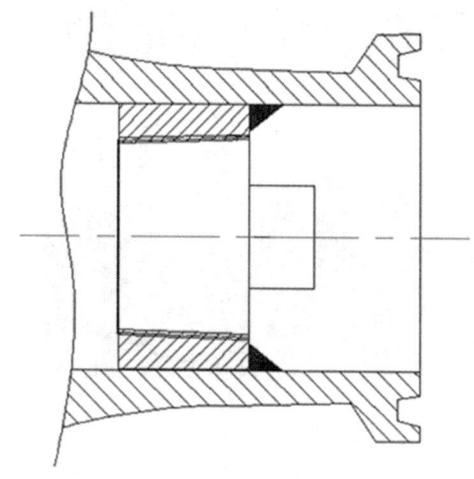

(a)结构原理示意图

(b)现场应用

图6-1　异形堵头的现场应用

(a) 仪器锁

(b) 丝堵

(c) 防盗箱

图6-2 现场应用的防盗措施

二、分析问题得到解决方案

1. 提出解决办法

首先运用解决生产难题的8种方法进行分析，确定3个解决方法对应的12个解决方案。

（1）迂回法（表6-1）。

表6-1 油井套管液满自动关闭器迂回法分析统计表

方案	方案内容	条件分析	可行性判断
方案一	防盗阀门安装在四通内	重新设计，防冻好、防盗弱	弱
方案二	防盗阀门安装在套管内	重新设计，防冻好、防盗强	强
方案三	安装在动液面以上	重新设计，技术参数不易掌握	中
方案四	阀门安装在房子内	资金投入高	中

（2）移植法（表6-2）。

表6-2 油井套管液满自动关闭器移植法分析统计表

方案	方案内容	条件分析	可行性判断
方案一	引进新型控制技术、装置	成型技术，需查阅调研	强
方案二	高强度材料	高成本投入	中
方案三	成型自动热源加温系统	高成本投入	弱
方案四	跨行业新型钥匙引进	没有查询到新型钥匙	弱

（3）变形法（表6-3）。

表6-3 油井套管液满自动关闭器变形法分析统计表

方案	方案内容	条件分析	可行性判断
方案一	改变壳体结构防破坏	防盗强、防冻弱	中
方案二	改变闸板结构	防盗强、防冻弱	弱
方案三	改变丝杠的结构	防盗强、防冻弱	弱
方案四	整体结构发生变形	重新设计，满足防盗防冻需要	强

2. 确定最佳方案

（1）利用迂回法的解决方案是将设计的防盗油阀门由地面转移到套管内，实现了防砸、防冻的目的。

（2）再通过移植法引进一项新技术或新成果原理，解决套管内的结构设计问题（需要查询专利是否侵权问题，可与专利权方共同开发项目）。

（3）为了满足井下特殊结构的应用要求，通过变形法解决成果整体形状设计，满足井下安装使用要求。

3. 寻找充足的资源

在实际生产中使用的管柱分为两种，一种是常用的普通管柱，油管处于套管的中心位置；另一种是偏心的管柱，油管不在套管的中心。也就是说，找到两种型号的设计才能满足所有井的防盗需要。

在查找阀门和防盗产品原理中，找到250阀门原理可以移植使用，满足正常井的防盗需要。250阀门的关闭是通过两个扣环和闸板实现的，给闸板施力实现进入或拉出，靠口环与闸板的侧平面实现的密封，这种面密封方式可以满足套管环形空间的密封要求。利用这一技术将口环原理变形放大转入套管环形通道将其封死，同时在变形的口环上设计孔洞通道，满足以后各种作业需求，再将闸板变形成能够套在油管上的滑片，利用液体的向上的喷射携带力产生运动，把上部的通孔盖住以阻断油气的通道实现自动关闭（图6-3）。

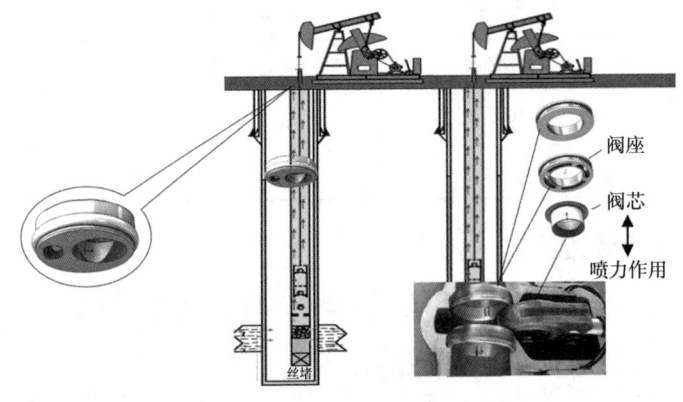

图6-3 现场应用安装原理

偏心井环形空间的防盗设计比较特殊，相对较为复杂，现有的阀门设计原理没有可以参考的，必须设计一套偏心封堵技术，既能满足生产测试的要求又能实现自动关闭通道。依据普通井的口环式设计原理，将偏心环形空间封死，在环空体积最大的一面设计一个能够满足测试仪器通过的通孔，实现封堵设计（阀座设计），这时的通孔如何关闭是个关键问题。以前为了防止抽油机井断杆喷油事故，设计了翻板式密封填料盒，就是利用光杆断脱后，液体的向上喷力携带翻板发生转动，将光杆通道封死达到防喷的目的，通过技术移植，解决偏心井设计的资源问题。

三、成果的完成、应用及效益

该项目最终选择两套解决方案，获得厂科研经费3.2万元支持，通过不断改进已经发展到6种型号，能够满足各类油井套管防盗油的需求（图6-4）。截至2019年12月底，在大庆油田已推广2万多套，为企业减少经济损失达到1.8亿元，效益巨大推广前景广阔。

产气大井
（a）滑道式

高液面井
（b）滑片式

低温度井
（c）长颈式

产气低井
（d）浮子式

压力高井
（e）解封式

偏测压井
（f）偏心式

图6-4　6种型号防盗设计

第二节　抽油机井极限调偏密封填料盒的研制

一、问题的来源和描述

密封填料盒是抽油机井井口与光杆密封设备，它的损坏是造成井口跑、冒、滴、漏的重要原因，是日常生产管理的重点。由于冬季、夏季生产温差较大，一部分井场周围因土质热胀冷缩，造成井口和抽油机底座发生较大位移，导致光杆与井口不对中且超出了调整范围，不仅造成密封填料盒的偏磨损坏，而且还会磨损光杆表面，使密封填料盒的密封效果大大降低，增加日常管理难度（图6-5）。现场也对一些密封填料盒做了改进，但效果不明显。

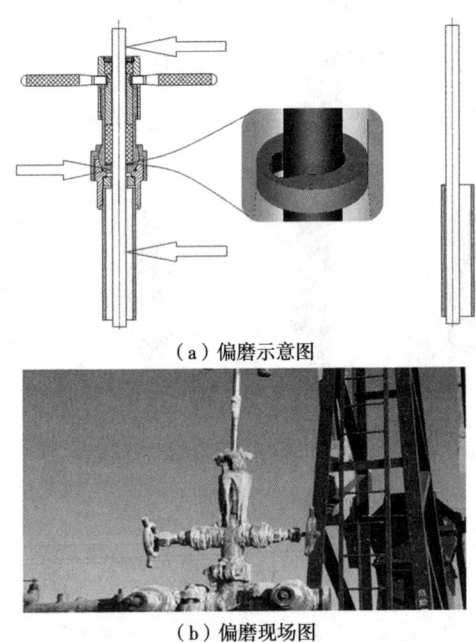

（a）偏磨示意图

（b）偏磨现场图

图6-5　抽油机偏磨情况

记得那是2016年的夏天，骄阳似火，劳保院里的一口抽油井也"火"了，经常出现密封填料加不住的问题，不是杆磨坏了，就是密封填料盒磨坏了，怎么调整光杆都不对中。这口井让其所在采油队全队上上下下都跟着上火了，各种招数用尽，各种招数失效。油田公司检查工作将近，对中率就是一项检查内容，让全队上下焦急不堪。队长向工作室求助，拿到一款调偏的密封填料盒，先在油井上试用，但收效甚微。这个调偏的密封填料盒虽然比原来的要好用，密封填料有效使用周期延长，但是也没有从根本上解决问题。能不能有一个从根本上解决问题的密封填料盒。新的调偏密封填料盒效果已经不错，如果不能完全解决问题，那肯定是这口井偏得太严重了。现场把密封填料盒卸下来一看，这光杆已经快要紧贴着管壁上，而且抽油机已调整到极限了。这样的井只能动"大手术"——重新装机，否则不管任何密封填料盒都得磨坏，除非密封填料盒能跟着光杆走，让光杆始终在密封填料盒中间位置。按照这个思路开始进行新的分析和方案设计工作。

二、分析问题得到解决方案

1. 提出解决方法

首先运用解决生产难题的8种方法进行分析，确定3个解决方法对应的3个解决方案。

（1）变形法（表6-4）。

表6-4 抽油机井极限调偏密封填料盒变形法分析统计表

方案	方案内容	条件分析	可行性判断
方案一	扩大调偏转角机构直径	重新设计可以实现	强
方案二	改变密封填料的外形体积	可以实现，但是密封填料软	弱
方案三	改变光杆的结构	投资大，实现有技术难度	弱

（2）组合法（表6-5）。

表6-5　抽油机井极限调偏密封填料盒组合法分析统计表

方案	方案内容	条件分析	可行性判断
方案一	与设计的夹片组合实现水平位移	重新设计可以实现	强
方案二	与大型机械设备组合实现水平位移	井口位置受限	弱
方案三	与地锚桩、钢丝绳组合矫正	可以实现、不规范	中
方案四	调整千斤顶与抽油机组合	资金投入高、实现难	弱

（3）移植法（表6-6）。

表6-6　抽油机井极限调偏密封填料盒移植法分析统计表

方案	方案内容	条件分析	可行性判断
方案一	引进成熟技术解决问题	查阅调研结果没有	弱
方案二	采用成熟密封技术设计	目前密封技术成熟可以实现	强

2. 确定最佳方案

（1）利用变形法的解决方案是将密封填料盒的转角部分的控制体积增大，使密封腔体能够随光杆的位置变化而变化，让光杆始终处于密封填料盒的中心位置。

（2）再通过组合法设计的活动夹片，与密封填料盒的调偏结构组合，实现最大水平位移调偏功能。

（3）通过移植法分析，解决密封填料盒的密封设计问题，满足设计使用要求。

抽油机极限调偏密封填料盒方案优选如图6-6所示。

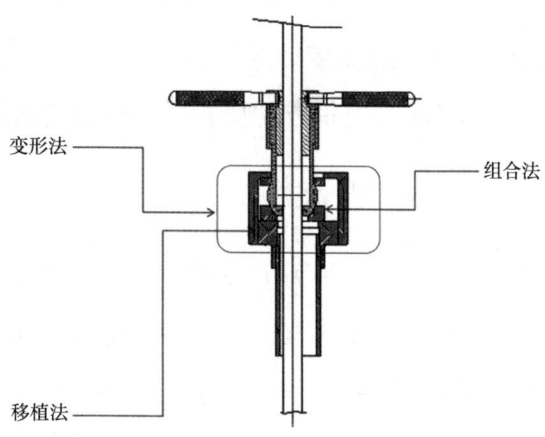

图6-6 抽油机极限调偏密封填料盒方案优选

3. 方案设计成果

设计时首先考虑到,光杆偏离中心线位移不大于7.5毫米,密封填料盒转角可调偏度为不大于7°,可以满足极限调偏要求。极限调偏密封填料盒:由密封填料盒填料腔体总成、调偏机构总成、连接短节三部分组成(图6-7)。将抽油机井的光杆对中调到最佳状态,光杆还是偏离中心位置,这时就达到使用极限调偏密封填料盒条件。

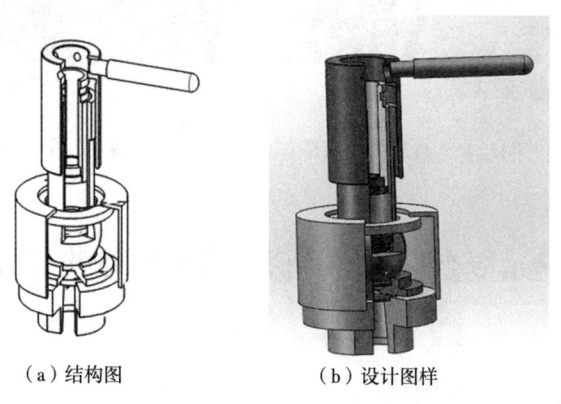

(a)结构图　　　　(b)设计图样

图6-7 抽油机井极限调偏密封填料盒样图

安装时，先将调偏机构总成的压帽处于卸松的自由状态，在光杆力的作用下，密封填料盒填料腔体带动球头的上下夹片移动找正，达到随偏对中的效果，紧固调偏机构总成的压帽后，添加密封填料启机即可。

三、成果的完成、应用及效益

该项目获得厂科研经费120万元支持，通过不断改进可以满足各类井的调偏需求。目前在大庆油田推广应用600套，经过现场3年应用，达到较好的效果，既能杜绝光杆偏磨造成的跑、冒、滴、漏现象保护环境，又能延长密封填料更换周期，提高抽油井运转时率增加产油量，同时还能降低员工劳动强度，具有较好的社会效益和经济效益（图6-8）。成果适用油田所有抽油机井口偏磨井，推广覆盖率高、前景好。2018年被列为大庆油田重点推广项目。

（a）革新前

（b）革新后

图6-8　抽油机井极限调偏密封填料盒使用效果

第三节　三元复合驱抽油机井侧填料密封填料盒的研制

一、问题的来源和描述

大庆油田部分区块采用三元复合驱采油，三元复合驱受效后抽油机井光杆常发生结垢现象，结垢导致密封填料盒密封效果差，密封填料使用年限短，且井口漏油现象严重，污染设备和环境，增加工作量（图6-9）。

密封填料密封效果差的现象普遍，但原因却大相径庭。第四采油厂对一些采油井投入科研经费进行攻关，以解决密封填料效果不佳的问题，但收效甚微。技术难题一转到工作室，便立即成立了一个攻关小组，每个人都憋着一股劲儿，一定要拿下这块难啃的"硬骨头"。大家边革新、边试验，为了第一时间发现试验存在的问题，团队每个成员都变成了这个试验井的"采油工"，顶风冒雪的上井观察、记录试验情况和存在问题。最终得出结论：（1）三元复合驱受效后光杆结垢的情况是不可避免的，密封填料加不住的主要原因也是光杆结垢后，光滑程度变差，使得橡胶材质的密封填料很快磨坏、缺失，造成密封填料漏油；（2）密封填料盒的腔体过小密封盒装料少，造成更换密封填料频繁。

（a）密封填料盒漏油

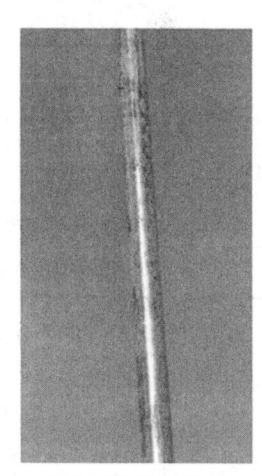

（b）抽油机光杆结垢

图6-9　现场存在问题

要想解决这两个问题,首要考虑的是能将光杆上的垢除掉的方法?一次在井上看到一名工人用钢丝球擦拭清除井口油漆,于是产生了一个想法:钢丝球既然可以用来清除井口油漆,为什么不可以用来除垢呢,而且钢丝球的硬度不大,也不会对光杆产生伤害。于是,用钢丝球在一口结垢非常严重的井上做了实验。这口井原来1天更换2次密封填料,实验后达到了3天更换1次密封填料,现场试用效果明显,自此找到了解决除垢问题的方向,于是侧填料密封填料盒的设计构思应运而生。

二、分析问题得到解决方案

1. 提出解决方法

通过前期的调研、试验,找到了解决问题的方向,运用解决生产难题的8种方法进行分析,确定3个解决方法对应的9个解决方案。

(1)组合法(表6-7)。

表6-7 三元复合驱抽油机井侧填料密封填料盒组合法分析统计表

方案	方案内容	条件分析	可行性判断
方案一	运用家用钢丝球用来组合清垢	经济、投资小、可行	强
方案二	在套管中加入阻垢剂防垢	需要增加设备的投入	弱
方案三	在换井口光杆套入防垢金属套	可以实现,但投资大	中
方案四	在密封填料盒上安装化学药剂盒	可以实现,管理难度增大	弱

(2)移植法(表6-8)。

表6-8 三元复合驱抽油机井侧填料密封填料盒移植法分析统计表

方案	方案内容	条件分析	可行性判断
方案一	引进松紧带技术替代弹簧	成熟技术,方案可行	强
方案二	引进封井器技术增大填料盒体积	成熟技术,方案可行	强

（3）变形法（表6-9）。

表6-9 三元复合驱抽油机井侧填料密封填料盒变形法分析统计表

方案	方案内容	条件分析	可行性判断
方案一	密封填料盒压盖设计腔体安装钢丝球	重新设计可以实现	强
方案二	密封填料盒压盖设计腔体	重新设计可以实现	弱
方案三	密封填料盒压盖变形出加药腔体	重新设计可以实现	弱

2.确定最佳方案（图6-10）

（1）利用组合法的解决方案是将家用不锈钢钢丝球与密封填料盒组合，以实现为光杆除垢功能。

（2）再通过移植法，引进松紧带技术，使其缠绕在钢丝球上起到收紧弹簧作用；引进封井器技术原理，得到大腔体密封填料盒。

（3）通过变形法分析，设计出密封填料盒上盖腔体，用于安装钢丝球及松紧带，以满足光杆除垢的设计要求。

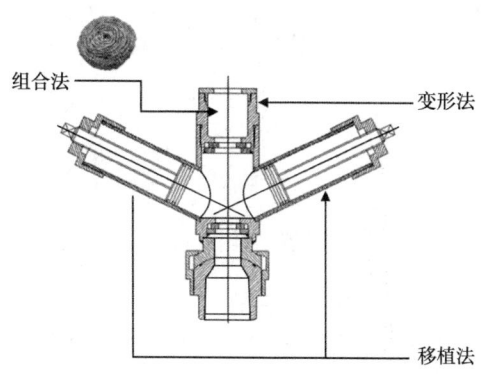

图6-10 侧填料密封填料盒方案确定

3.方案设计成果

三元复合驱抽油机井侧填料密封填料盒由钢丝球、松紧带、隐形调偏片、密封布料、橡胶颗粒、推进活塞、推进螺杆、隐形调偏片、调偏头、下接头等部件组成（图6-11）。它采用上下排列两个填料腔体的设计方式，上填料腔体起到除垢作用，下填料盒腔体和两个侧填料推进管相连，起到加压和密封作用。

使用时，首先将准备好的钢丝球缠绕在光杆上，再用适当宽窄的松紧带勒紧缠绕将其固定，下填料盒采用复合式填料方式组合添加，利用推进螺杆加压，使橡胶颗粒形成一种反弹力，紧推耐磨布料套使其密封。

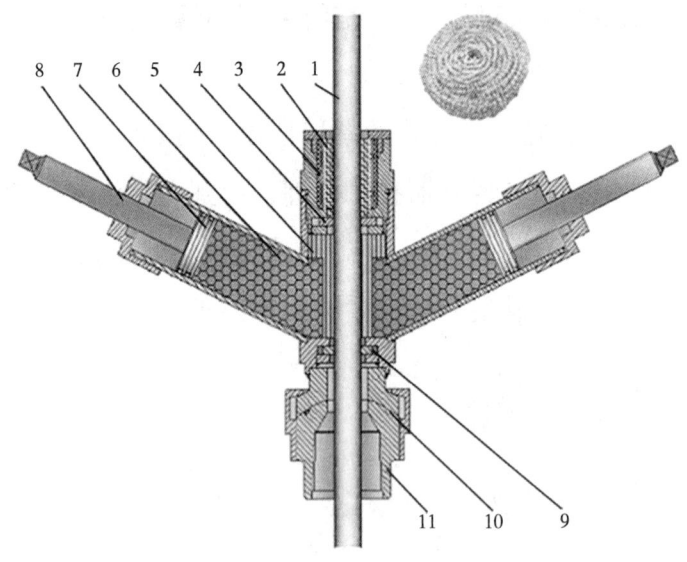

图6-11　三元复合驱抽油机井侧填料密封填料盒结构示意图

1—光杆；2—钢丝球；3—松紧带；4—隐形调偏片；5—密封布料；6—橡胶颗粒；
7—推进活塞；8—推进螺杆；9—隐形调偏片；10—调偏头；11—下接头

三、成果的完成、应用及效益

三元复合驱抽油机井侧填料密封填料盒，已在120多口抽油机井应用了3年多（图6-12）。成果实现了光杆除垢、密封和延长加密封填料周期的目的，具有较好的社会效益和经济效益。

(a）革新前

(b）革新后

图6-12　三元复合驱抽油机侧填料密封填料盒使用效果对比

第四节　罐车独立洗井技术

一、问题的来源和描述

油井在长期的生产中，需要定期对井下进行清蜡热洗。洗井时多用2台水罐车提供水源，通过管线连接供水到另一台高压热洗车，热洗车把水加热加压，再经过洗井管线连接到井口进行洗井（图6-13）。工作过程中发现存在以下问题：一是3台车洗井燃油费高；二是车辆使用台班费高。

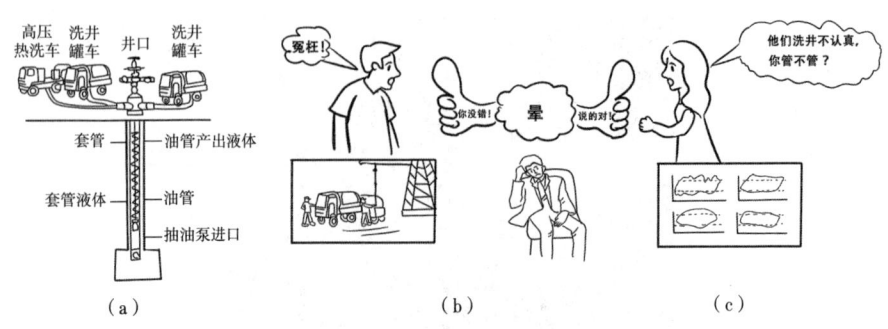

图6-13 高压热洗带来的疑惑

油井采出液举升过程中，由于压力和温度逐渐降低，蜡就会从液体中析出，附着在油管壁和抽油杆上，造成产液通道变窄，使产出液流动阻力增大、产油量降低。因此，需要定期对井下管柱进行洗井清蜡。正常洗井时，需要将水加热到120度，变成水蒸气后注入井内，从油管返出，返出温度一般都在80摄氏度左右达到理想的化蜡效果（图6-14）。

但有的井刚洗完，进行测试时还会存在蜡影响的现象。是工作不细致，没有洗好？对此，工人们也觉得很委屈：每次洗井都是严格按照洗井要求完成工作的，洗井一干就是3个多小时，有时候连午饭都顾不上吃。既然洗井流程没问题，那么制约洗井的问题出在哪里呢？为了探寻这个问题，采用井口洗井和井下测温同步的方式录取资料。整理测试数据发现：井口120摄氏度的温度到了200米附近降到34摄氏度左右了。实际上，洗井效果差是井下温度并未达到熔蜡温度所致。经过分析：由于洗井液流速度慢，洗井液热量大部分在井口至井下200米处都被地层吸收了，无法传递到井下，化蜡效果自然就差。而油井结蜡位置一般在600米附近，而这口井在200米左右温度就已经降到了34摄氏度，200米到600米的蜡自然就洗不掉，甚至出现蜡卡现象。怎

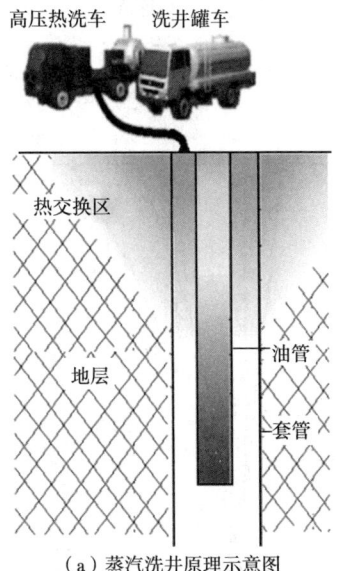

（a）蒸汽洗井原理示意图

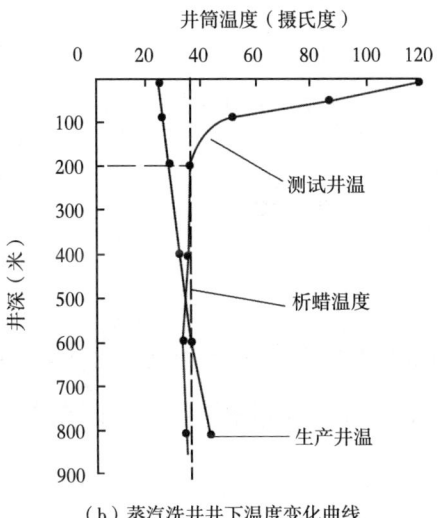

（b）蒸汽洗井井下温度变化曲线

图6-14 蒸汽洗井

么样解决这个问题？实验发现：洗井温度一定时，洗井液排量是洗井效果的关键。排量越大，与上部接触时间越短，热量交换少，效果才能好。提高排量进行现场试验，测温结果显示：达到了全井清蜡的指标要求(图6-15)。要想提高排量能不能优化、精简设备洗井呢?

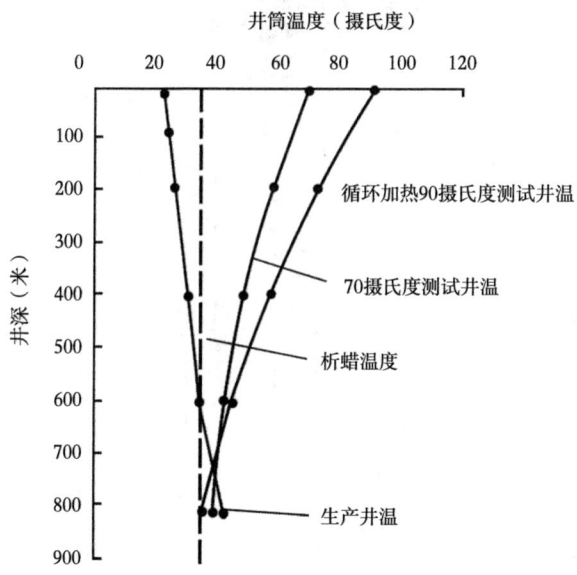

图6-15 热水洗井井下温度变化曲线

二、分析问题得到解决方案

1. 提出解决方法

通过前期的热洗测温调研工作,确定了解决问题的方向:提高热洗效果、简化热洗设备,通过解决生产难题的八种方法进行分析,确定解决方案。

(1)组合法(表6-10)。

表6-10 罐车独立洗井技术组合法分析统计表

方案	方案内容	条件分析	可行性判断
方案一	水罐安装在高压热洗车上	载荷、空间位置受限	弱
方案二	洗井罐车安装水动力系统	经过改造可以实现	强

（2）移植法（表6-11）。

表6-11 罐车独立洗井技术移植法分析统计表

方案	方案内容	条件分析	可行性判断
方案一	引进三缸柱塞泵（选型）	成熟技术，方案可行	强
方案二	引进离心式消防专用水泵	成熟技术，方案可行	强

2. 确定最佳方案

（1）利用组合法的解决方案是在洗井罐车上安装水动力系统，提供洗井水的动能。

（2）再通过移植法引进三缸柱塞泵和离心式消防专用水泵，通过了解各类泵的技术参数进行泵的型号选择，以满足各类井的洗井技术质量的要求。

洗井方案如图6-16所示。

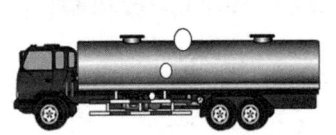
(a) 改造后的洗井罐车

(b) 安装洗井泵
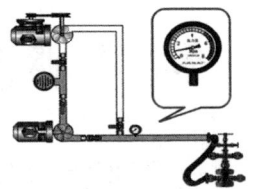
(c) 洗井流程示意图

图6-16 罐车独立洗井技术——洗井方案

3. 方案设计成果

洗井罐车加装设备由过滤器、离心泵机组、三缸柱塞泵机组和洗井管汇4部分组成。在罐车的两侧分别加装一台离心泵机组和一台三缸柱塞泵机组，两台机组都可以独立运行，用管汇将它们连接。当低压洗井时，启动离心泵机组实现大排量低压洗井；当洗井压力升高时，可启动三缸柱塞泵组，实现高压洗井。

三、成果的完成、应用及效益

截至2019年12月底,该项技术已在2台罐车上安装应用,洗井6000多井次,见效明显,既降低了燃油费和车辆台班费,同时还可以节省了人力、减轻员工劳动强度。成果能够满足多数油井的洗井要求,具有较好的经济效益和社会效益(图6-17)。

图6-17 改进后的洗井罐车

第五节 胀开式抽油机电动机皮带轮拔轮器的研制

一、问题的来源和描述

抽油机井调整冲次是通过更换电动机皮带轮的大小来实现,由于电动机皮带轮、轴套与电动机轴之间存在配合间隙,易产生锈蚀,拆卸皮带轮费时、费力,工作效率低,使用现有的拔轮器不仅效率低,还容易把电机轮的边缘拉坏,为此现场维修工人大多使用斜铁、大锤等工具往下胀的办法来解决,操作费力,还存在斜铁飞出的安全隐患。

研究发现调参的难点在于,主要在用的电动机皮带轮直径都比较小,正常的拔轮器不适用,若采取用斜铁砸的办法,每次都会将皮带轮外缘砸坏,甚至将电动机端盖胀坏,胀坏后还会影响奖金考核(图6-18)。大家都觉得很委屈,活都认认真真地没少干,却因为这个扣钱呢?因为担心考核扣奖金,这类小皮带轮的更换工作,维修人员便以干不了为由直接拒绝。

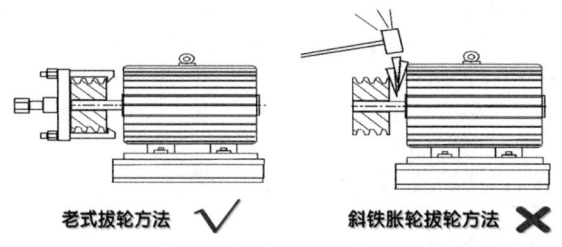

图6-18 现场更换皮带轮情况

如何能避免皮带轮被拔轮器拉坏和电动机被砸坏呢?通过仔细观察发现:被拔轮器拉坏的皮带轮都是由于拉钩与皮带接触面积过小造成的,而且大家都愿意使用斜铁的原理胀开皮带轮,这个方法"灵"。是否可以重新设计电动机皮带轮拔轮器?

二、分析问题得到解决方案

1. 提出解决方法

通过前期的拔皮带轮方法的调研工作,找到了问题的根源,明确了方案的设计努力方向,确定2个方法对应的4个解决方案。

(1)移植法(表6-12)。

表6-12 胀开式抽油机电动机皮带轮拔轮器移植法分析统计表

方案	方案内容	条件分析	可行性判断
方案一	设计上沿用斜铁的胀开原理	成熟技术,方案可行	强
方案二	引进弹簧的回位技术	成熟技术,方案可行	中

（2）变形法（表6-13）。

表6-13　胀开式抽油机电动机皮带轮拔轮器变形法分析统计表

方案	方案内容	条件分析	可行性判断
方案一	改变拉爪设计成平面接触	重新设计，方案可行	强
方案二	改变形体构造安装斜铁	重新设计，方案可行	强

2. 确定最佳方案

（1）利用移植法的解决方案是在新设计的电动机拔轮器上运用斜铁胀开技术原理，提高电动机效率。

（2）再通过变形法将斜铁设计在顶丝部位，助力拔轮效果，通过改变拔轮器与电动机的接触面积，分散了局部力量，确保电动机轮不再损坏，满足生产的需要（图6-19）。

图6-19　胀开式抽油机电动机皮带轮拔轮器——创新方法运用指示

3. 方案设计成果

胀开式电动机皮带轮拔轮器由击打斜铁、螺纹顶丝、回位弹簧和皮带轮扣头等部件组成，将斜铁胀开式原理与拔轮器原理有机结合在一起（图6-20）。调参时，首先将皮带轮扣头套入电动机皮带轮上，用螺纹顶丝把电动机轴顶牢，斜铁安装在顶丝和皮带轮扣头之间，用大锤击打斜铁，使电动机皮带轮与电动机轴之间产生相对位移，将电动机皮带轮卸下（图6-21）。该拔轮器适用电动机轮径在直径 ϕ120mm~ϕ200mm。

图6-20　拔轮器的结构

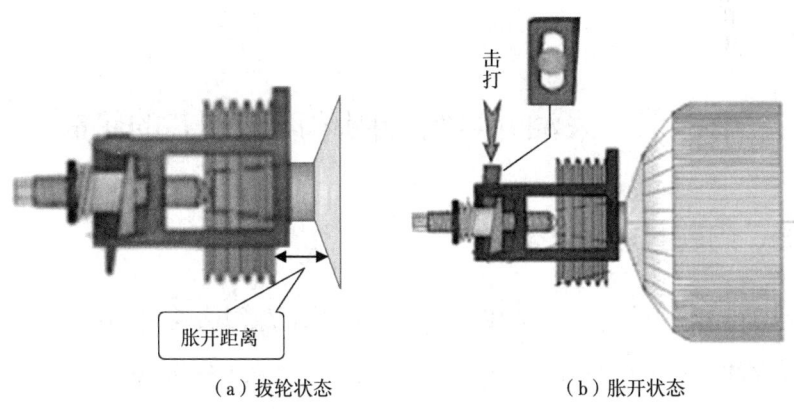

（a）拔轮状态　　　　　　（b）胀开状态

图6-21　拔轮器的原理

三、成果的应用

该项成果在大庆油田第四采油厂推广100套,操作方便快捷,拆卸皮带轮成功率100%,现场应用既能防止皮带轮损坏,又能降低员工劳动强度,提高工作效率,具有较好的经济效益和社会效益(图6-22)。

图6-22　胀开式电动机拔轮器应用照片

第六节　采油井口组合阀单向流阀芯的研制

一、问题的来源和描述

目前,油田抽油机井和螺杆泵井井口流程大多采用组合阀,其结构没有防止产出液回流的功能。由于生产过程中抽油光杆始终承受井下载荷的作用,当光杆在井口发生断脱时,产出液会从回油阀倒流到井口,发生喷油现象造成环境污染(图6-23)。另外当不法分子人为在井口连接管线盗油时,计量间总汇管内的原油也会通过回油阀倒流，严重影响油井的正常生产。

大家都感到这个问题很严重，急需、快速解决。从哪里入手呢？其实，要想解决油井杆断喷油问题，首先要知道喷出的油来自哪里，才能准确的采取相应的措施。光杆断脱后从井口喷出的油大多是从回油管线经过回油阀倒流到井口后喷出的，因此，解决问题的方向应重点放在避免回油管线中的油产生倒流。可以从两个方面入手：一是在井口安装单流阀，这种解决问题的方式需要动用电火焊，并要停机停产实现安装，而且安装后影响井口流程的美观；二是通过改造井口设备实现单流阀功能。对比优选第二个方案，对组合阀上的回油阀芯进行改进（图6-24）。

（a）杆断喷油　　　　　　　　（b）外喷油来源走向

图6-23　喷油情况

 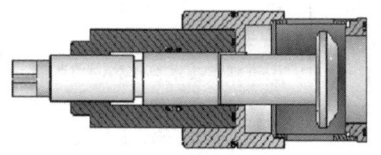

（a）实物照片　　　　　　　　（b）结构示意图

图6-24　组合法回油阀

二、分析问题得到解决方案

1. 提出解决方法

通过解决生产难题的八种方法分析确定解决方案。通过运用3种方法形成6个方案（图6-25）。

（1）拆分法（表6-14）。

表6-14 采油井口组合阀单向流阀芯拆分法分析统计表

方案	方案内容	条件分析	可行性判断
方案一	将控制阀杆分解成两体	重新设计，方案可行	强
方案二	将控制阀壳体分解成两体	重新设计，方案可行	中

（2）变形法（表6-15）。

表6-15 采油井口组合阀单向流阀芯变形法分析统计表

方案	方案内容	条件分析	可行性判断
方案一	改变控制阀壳体的内部结构	重新设计，方案可行	强
方案二	改变控制阀杆的形状	重新设计，方案可行	强

（3）移植法（表6-16）。

表6-16 采油井口组合阀单向流阀芯移植法分析统计表

方案	方案内容	条件分析	可行性判断
方案一	引进弹簧技术，作为回位弹簧	技术成熟，方案可行	强
方案二	引进"O"形密封圈技术	技术成熟，方案可行	强

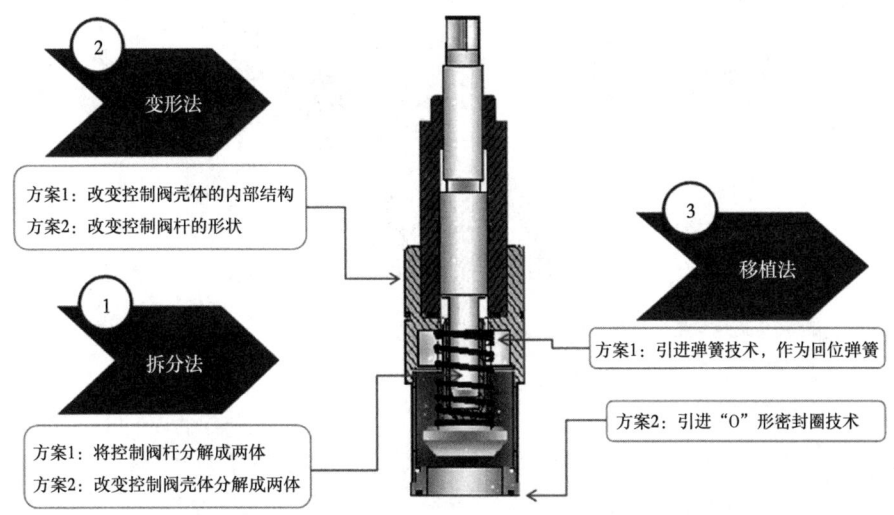

图6-25 采油井口组合阀单向流阀芯创新方法应用示意图

2. 确定最佳方案

(1) 利用拆分法将组合阀回油阀芯的控制阀杆拆分，分解成花键轴式螺杆和游动阀芯两部分，它们通过弹簧连接实现单流阀原理。

(2) 利用变形法改变控制阀壳体的结构和形状，满足内部部件改变及功能的要求。

(3) 利用移植法引进成熟技术加快研发速度（弹簧、标准件的密封技术等）。

3. 方案设计成果

采油井口组合阀单向流阀芯总成由阀座、游动阀芯、回位弹簧、花键轴式螺杆、出液支撑套、回位弹簧腔体和螺旋柱体7部分部件组成（图6-26）。正常生产时，游动阀芯在液体的作用下打开，井下产出液正常流过；当井口发生杆断、被人为放油或井下油管严重漏失时，游动阀芯在弹簧力的作用下回位而关闭，能有效阻止计量间总汇管内的原油倒流。

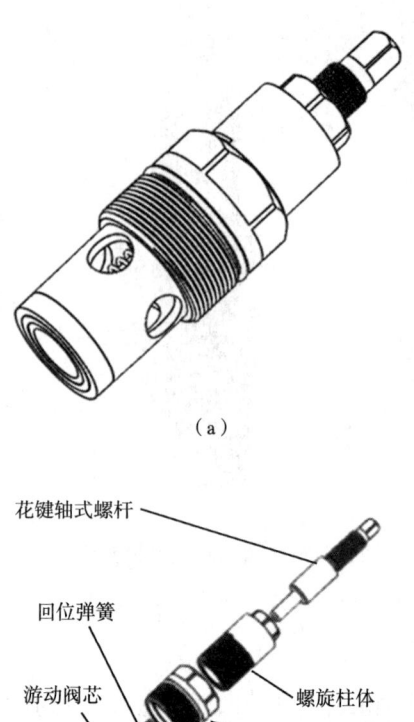

图6-26 结构原理示意图

三、成果应用

采油井口组合阀单向流阀阀芯总成，截至2019年12月底在现场安装35套，经过两年来应用，达到了设计指标要求，能有效防止计量间来液通过单井回流管线倒流现象的发生，避免环境污染，减少产量损失，确保油井正常生产（图6-27）。成果适用油田所有组合阀井口，推广覆盖率高、前景好，具有较好的经济效益和社会效益。

第六章 "283"技术革新工作法应用案例分享

(a) 革新前　　　　　　　　　(b) 革新后

图6-27　采油井口组合阀单向流阀芯应用效果